全球数字经济规则博弈及中国方案研究

基于列宁世界体系理论视角

马学礼 ◎ 著

中国财经出版传媒集团

经济科学出版社
Economic Science Press

·北 京·

图书在版编目（CIP）数据

全球数字经济规则博弈及中国方案研究：基于列宁世界体系理论视角/马学礼著． --北京：经济科学出版社，2023.9

ISBN 978 - 7 - 5218 - 5173 - 1

Ⅰ.①全… Ⅱ.①马… Ⅲ.①信息经济 - 研究 - 世界②信息经济 - 方案 - 研究 - 中国 Ⅳ.①F491②F492

中国国家版本馆 CIP 数据核字（2023）第 181914 号

责任编辑：梁含依 谭志军
责任校对：李 建
责任印制：范 艳

全球数字经济规则博弈及中国方案研究
——基于列宁世界体系理论视角

QUANQIU SHUZI JINGJI GUIZE BOYI JI ZHONGGUO FANGAN YANJIU
——JIYU LIENING SHIJIE TIXI LILUN SHIJIAO

马学礼 著

经济科学出版社出版、发行 新华书店经销
社址：北京市海淀区阜成路甲 28 号 邮编：100142
经管中心电话：010 - 88191335 发行部电话：010 - 88191522
网址：www. esp. com. cn
电子邮箱：expcxy@ 126. com
天猫网店：经济科学出版社旗舰店
网址：http：//jjkxcbs. tmall. com
北京季蜂印刷有限公司印装
710×1000 16 开 12.75 印张 200000 字
2023 年 9 月第 1 版 2023 年 9 月第 1 次印刷
ISBN 978 - 7 - 5218 - 5173 - 1 定价：65.00 元

本书受国家社会科学基金青年项目"'数字丝绸之路'推进中的合规风险及中国的应对研究"（项目编号：20CGJ027）资助

前言

在数字经济时代，数字技术代表新的生产力，新的生产力必然引发生产关系的巨大变革，数字经济规则正是新的生产关系的规范性安排。人类依托5G、工业互联网、物联网、大数据、云计算、人工智能等数字技术对传统基础设施和生产生活方式进行系统化改造。万物互联带来数据的爆发式增长，算力和算法等技术的进步又使数据成为战略资产，各国之内和各国之间的利益版图出现前所未有的碰撞和重组，由此深刻改变了社会经济治理模式，传统工业时代所形成的管理制度和国际规则受到巨大冲击，数字经济规则成为全球博弈的焦点。然而迄今为止全球尚未形成整体性的数字经济规制体系，主要国家和地区间的数字经济治理政策存在严重割裂；同时，各主要经济体几乎都通过区域合作的方式扩大自身规则的影响力，试图以此影响全球数字经济治理进程。目前，我国国内研究全球数字经济规则博弈的成果很多，但是以马克思主义国际政治经济学作为研究方法的专著相对较少，本书权且作为一种尝试。

本书的写作目的在于刻画全球数字经济规则博弈的总体情况、典型表现和深层矛盾，并为我国参与全球数字经济治理和高质量共建"数字丝绸之路"提供有益借鉴。基于此，本书在内容设计上既注重对全球数字经济规则博弈基本情况的介绍，又注重对全球数字经济规则博弈结构性问题和内在逻辑的研究。当然，全球数字经济规则涵盖范围非常广泛，限于篇幅，本书在内容上不得不有所取舍，因此不求面面俱到，力求突出重点和特色。

本书分为三篇，共八章。第一篇是理论创新，包括第一章和

第二章。第一章对数字经济、国际数字经济规则等核心概念进行了界定，并通过梳理已有的研究方式，简要介绍了马克思主义世界经济理论。在马克思主义世界经济理论中，国内生产关系变革是逻辑前提，资本对外扩张、国际分工、国际贸易、国际货币和金融（包括国际信用体系扩张）是核心内容，全面危机和战争是必然结论，社会主义革命是最终归宿。第二章系统介绍了列宁的世界体系理论，并将其运用到数字时代大国竞争的分析中。垄断资本主义世界体系的本质特征是垄断资本向其他经济成分和社会成分攫取垄断利润，并通过资本对外扩张将这种攫取变成一种全球性现象，这是列宁世界体系理论的经济层面，也是集中讨论的主题，具体包括世界体系的内涵和演进历程、结构和运行机制、矛盾和危机趋势。

第二篇是规则博弈，包括第三章至第六章。第三章对全球数字经济规则博弈的总体情况进行了全面分析，包括全球数字经济规则博弈的进展、困境与趋势。全球数字经济规则体系正处于构建的窗口期，但出现了博弈阵营"碎片化"和治理主体缺失、治理议题密集涌现但无统一框架、多边体制赤字、区域机制冲突等多方面的困境；从变革趋势来看，全球数字经济治理开始趋向于治理主体多元化、议题谈判模块化、治理机制交叉重叠。第四章和第五章是专题研究，分别考察了全球数字贸易规则博弈和全球数字基建规则博弈，并以新兴经济体的数字服务贸易发展和发达国家的全球数字基建投资竞争为案例进行了研究。之所以选这两个专题进行研究，是因为数字贸易是重塑全球贸易结构和改变全球贸易格局的关键力量，数字服务贸易是最有代表性和最有潜力的数字贸易类型；数字经济的发展需要适配的基础设施作为支撑，大规模数字基建投资在改善数字经济发展环境和提升全球数字连通性的同时，还可能带来地缘格局的变动。需要说明的是，数据治理规则也是国际数字经济规则的重要内容，本书很多章节都有所涉及，但是没有进行专题研究，这是考虑到全球数据治理规则涉及范围过于广泛，难以在有限的篇幅中进行细致研究。第六章是对第三章至第五章的理论总结，系统分析了全球数字经济规则博弈的本质与深层逻辑。本章运用马克思主义制度理论说明数字经济规则的经济必然性与利益冲突性，以此揭示全球数字经济规则博弈的本质；挖掘全球数字经济规则博弈的深层逻辑，重点探讨发达国家维护和强化对先进数字技术和全球数字市场的垄断，以及数字垄断资本的两种积累方式。

第三篇是中国方案，包括第七章和第八章。第七章全面阐述了我国参与全球数字经济治理的价值导向、议题设定和规则主张。我国应在共商共建共享的宗旨下，秉持包容性原则，坚持多边主义路径，合理设定议题内容，兼顾发达国家、新兴经济体和其他发展中国家的利益诉求，稳步扩大制度型开放，推动规则内容从"边界上"向"边界后"拓展，以务实的功能性合作推动国际数字经济秩序建设，积极推进高水平对外开放。第八章探讨了应对"数字丝绸之路"推进过程中的合规风险。"数字丝绸之路"旨在以全方位、立体化、网络状的数字互联互通推进中国与其他国家的数字经济合作，因而具有综合性的含义，但同时也面临着多层次的合规风险。在推进过程中，"数字丝绸之路"应坚持清晰的指导理念，充分估计和妥善应对遇到的合规风险，在风险防范和化解上多管齐下，做到与多边治理体系相融合，与各国良性互动，适度提高规则水平以保障功能性合作果实，加强与东道国的政策协调，最终构建"网络空间命运共同体"。

本书从写作到出版得到了河北大学经济学院领导及行政管理人员的指导和帮助；书稿完成后，河北经贸大学武建奇教授，吉林大学陈志恒教授，河北大学刘秉龙教授、马文秀教授和侯珺然教授阅读了部分章节，并提出了宝贵意见；经济科学出版社的工作人员在编辑、校对等方面付出了辛勤劳动，在此一并表示感谢。

目 录

CONTENTS

第三篇　中国方案

第一篇　理论创新

第一章　概念界定和理论基础

当前，全球正处于新一轮科技革命和产业变革突破爆发的时期，数字技术的应用潜能全面迸发，不仅带来了数字产业的高速增长，而且广泛渗透到传统产业领域，推动着世界经济的发展动力和运行方式发生深刻变革。按照"经济基础决定上层建筑"的原理，谁能够掌握和利用好全球数字资源（算力、算法和数据），谁就能在未来的世界体系中占有优势并拥有强大影响力。正是由于数字经济已经成为重组全球要素资源、重塑全球经济结构、改变全球竞争格局的关键力量，世界各国为争夺全球数字资源及其利用规则的制定权展开激烈博弈。

第一节　概念界定：数字经济与国际数字经济规则

数字经济源于数字技术的创新和应用。随着数字技术的突破及其对经济生活的影响逐渐广泛和深入，数字经济的内涵也在不断发生改变，国际数字经济规则也随着数字技术的广泛应用而不断丰富和发展。

一、数字经济及其特征

国内外对数字经济的概念尚未形成统一认识，随着数字技术创新的持续推进及数字技术应用范围的不断拓展，数字经济的内涵不断扩展。目前，学术界对数字经济的概念界定共有三类，分别是狭义概念、拓展概念和广义概念，这三种概念对应的是数字技术创新不断涌现、数字技术应用范围不断扩大的历史过程。①

从狭义概念看，数字经济是提供信息产品和信息服务的信息与通信技术（Information and Communications Technology，ICT）产业。20 世纪 40 年代以后，微电子领域取得重大技术突破，第二代晶体管电子计算机和集成电路得以发明，人类储备知识和处理信息的能力大幅提升，特别是 20 世纪 60 年代之后，数字技术对经济的影响日趋明显。在此背景下，弗里茨·马克卢普（Fritz Machlup）于 1962 年提出"信息经济"概念，将"向市场提供信息产品或信息服务的那些企业"视为一个重要的经济部门（后来被称为"第一信息部门"）。

从拓展概念看，数字经济包括 ICT 产业与新型融合业态。20 世纪 70 ~ 80 年代，大规模集成电路、微型处理器和软件领域的突破加速了数字技术的扩散，马克·波拉特（Marc U. Porat）注意到数字技术创新与其他经济部门的融合渗透趋势，于 1977 年提出"第二信息部门"概念，即那些融合了信息产品和信息服务的其他经济部门。

从广义概念看，数字经济是全社会数字化发展的经济总和。20 世纪 80 ~ 90 年代及之后，互联网技术日趋成熟，数字技术快速从信息产业外溢，产生了新的生产要素和商业模式，"信息经济"（包括第一信息部门和第二信息部门）已经无法概括新模式和新业态。在此背景下，美国学者唐·泰普斯科特（Don Tapscott）于 1996 年正式提出广义上的"数字经济"概念。

我国对数字经济的定义也较为多样化，目前有两个定义具有代表性。第一个是中国信息通信研究院（以下简称"中国信通院"）在《数字经济概论：理论、实践与战略》中提出的。中国信通院认为，数字经济是以数字化的知识和信息为关键生产要素，以数字技术创新为核心驱动力，以现

---

① 国家发展和改革委员会.《"十四五"数字经济发展规划》学习问答［M］.北京：人民出版社，2022：33－34.

代信息网络为重要载体，通过数字技术与实体经济深度融合，不断提高传统产业数字化、智能化水平，加速重构经济发展与政府治理模式的新型经济形态。① 第二个是《"十四五"数字经济发展规划》提出的。该文件指出，数字经济是继农业经济、工业经济后的主要经济形态，是以数据资源为关键要素，以现代信息网络为主要载体，以信息通信技术融合应用、全要素数字化转型为重要推动力，促进公平与效率更加统一的新经济形态。② 实际上，这两个定义在核心内容方面是一致的，都强调三点：一是以数据为关键生产要素，二是以现代信息网络为重要载体，三是以数字技术与传统产业的深度融合为主要推动力。基于此，本书认为数字经济是"以数据为关键生产要素，以现代信息网络为重要载体，以数字技术与实体经济深度融合为主要推动力的新型经济形态"。

根据上述定义，数字经济具有要素变革、结构变革和产业变革三大发展特征。

从要素变革角度看，数字经济以数据为关键生产要素。随着新一代信息技术的出现及其产业应用，特别是随着传感器的普遍使用和物联网的不断发展，人们能够以相对较低的成本获取海量数据；而数据挖掘、数据处理和数据算法等技术的不断进步使数据具备了经济价值，成为经济发展的关键性生产要素，并使资本、劳动等传统生产要素之间的关系发生改变。在数字经济时代，数据要素与传统要素的有机结合能够显著提升资源配置效率和利用水平。数据要素不断渗透、影响和改造着生产、流通、分配和消费等主要经济环节，例如企业能够利用消费者个人数据实现定制化生产、利用仓储物流数据实现"零库存"、利用售后数据调整研发设计方向、利用生产线数据优化生产流程，全面提升经济运行效率。③

---

① 中国信息通信研究院. 数字经济概论：理论、实践与战略［M］. 北京：人民邮电出版社，2022：4-5.

② 国务院. 国务院关于印发"十四五"数字经济发展规划的通知［EB/OL］. https://www.gov.cn/zhengce/zhengceku/2022-01/12/content_5667817.htm，2021-12-12.

③ 国务院发展研究中心创新发展研究部. 数字化转型：发展与对策［M］. 北京：中国发展出版社，2019：6.

从结构变革角度看，数字经济以现代信息网络为重要载体，包括数字基础设施和数字经济组织两方面。从基础设施角度看，数字经济以5G、物联网、工业互联网、卫星互联网等现代信息网络为载体，同时对传统基础设施进行升级改造。因此，基础设施数字化转型包括两部分：一是使能部分，涵盖工业软件、工业网络、工业互联网等，是基础设施数字化转型的基础和先导；二是应用部分，主要指传统基础设施应用数字使能工具实现转型，这部分是基础设施数字化转型的重点，构成对使能部分的需求。从数字经济组织方面看，数字经济以互联网平台为配置资源的基本形式。在数字技术变革和数据成为关键生产要素的基础上，互联网平台成为数字经济的核心组织者，因为互联网平台能够提取和控制大数据，通过提供信息设施、链接各方、聚合资源、交易结算、信息汇集、居中调节等功能促进供需双方的互动和匹配。

从产业变革角度看，数字经济以数字技术与实体经济的深度融合应用为主要推动力。数字技术与实体经济的融合包括两个方面，即数字产业化和产业数字化。数字产业化是数字经济发展的先导力量，以信息通信产业为主要内容，具体包括电子信息制造业、电信业、软件和信息技术服务业、互联网行业及其他新兴产业；产业数字化是数字经济发展的主引擎，是传统产业由于应用数字技术所带来的生产方式变革以及生产数量和生产效率的提升，集中体现为数字技术体系对生产结构的影响，即对传统产业组织、生产流程和交易过程的影响。[①]

二、国际数字经济规则

市场秩序的建立和规范以及市场的有序运行有赖于完善健全的市场经济规则。市场经济规则既包括政府等公权力主体所制定的各种规章制度，例如法律、法规、契约和公约等，也包括市场主体自发形成的各种非正式

---

① 中国信息通信研究院. 数字经济概论：理论、实践与战略 [M]. 北京：人民邮电出版社，2022：6-7.

规则，如行业惯例、商业传统等。具体而言，市场经济规则包括市场进出规则、市场交易规则、市场竞争规则和市场仲裁规则四个方面。①

国际经济规则是市场经济规则在国际层面的体现。根据李向阳（2007）的研究，国际经济规则主要分为三类，分别是自愿约束型、协商约束型和强制约束型（见表1-1）。自愿约束型规则主要依赖于市场机制，该类规则范围最广，数量也最多，如果违反该类规则，就将受到市场的惩罚；协商约束型规则主要依赖于成员国间的谈判机制，以签订国际条约或设置独立的国际机构保证规则实施；强制约束型规则主要依赖于独立的仲裁机构，该类规则有明确的权利和义务关系，并附加独立的仲裁机构保证规则实施。

表1-1　　　　　　　国际经济规则的类型、特征及代表性规则

类型	特征	代表性规则
自愿约束型	依赖于市场机制，范围广泛，为世界市场上大多数交易者所遵循（如不遵循就会面临市场的惩罚）	产品标准、技术规章与认证制度等，如SA8000（环境与社会标准）、巴塞尔协定、穆迪债券评级标准等
协商约束型	依赖于成员间的谈判机制，确定共同认可的国际条约，或加之以独立的国际机构监督实施	双边投资保护协定、多边国际协定，如《伯尔尼公约》《京都议定书》以及布雷顿森林体系（大国协商+IMF）
强制约束型	依赖于独立的仲裁机构，成员国之间有明确的权利和义务，有一套或多套明确的裁决机制	WTO框架内的规则；欧盟内部的规则，USMCA内部的规则

资料来源：李向阳. 国际经济规则的实施机制［J］. 世界经济，2007（12）：3-12. 有修改。

与一般认识相反，世界市场上交易活动所遵循的大多数规则是自愿约束型，其实施机制是：遵守规则就将获得收益，违背规则就将受到惩罚。②例如全球很多国家、跨国公司和进口商协会都以SA8000作为企业社会责

---

① 《马克思主义政治经济学概论》编写组. 马克思主义政治经济学概论［M］. 北京：人民出版社，2011：80-81.
② 李向阳. 国际经济规则的实施机制［J］. 世界经济，2007（12）：3-4.

任的评价标准，符合这一标准的企业及其产品就能得到消费者的认可，而没有达到这一标准的企业则会受到无形的歧视和市场壁垒，但是这一标准并非官方制定，而是由总部设在美国的非政府组织——社会责任国际（Social Accountability International，SAI）发起并联合欧美跨国公司和其他国际组织制定的。① 事实上，很多被广为接受的国际经济规则并非由主权国家制定，而是在无数次市场交易之后自然形成的，市场接受程度、企业交易能力和非政府组织往往是主要的影响因素。此外，相对于国内经济规则，国际经济规则有一个特殊性。这个特殊性就在于国际体系处于无政府状态，所以正式规则（以各类规章制度为代表）的约束力并不是以政府来保证，而是以成员国之间的契约为基础，各国是否执行契约取决于默契、道德自觉、实力威慑和违约成本等众多因素，因而存在着契约执行不完全的情况。以强制约束型规则为例，该类规则的约束力来自仲裁机构，但也受制于仲裁机构，例如在国际仲裁实践中可能存在仲裁员缺少独立性、法律法规选择不当、裁决结果相互冲突、仲裁效率低下、仲裁费用高昂、忽视东道国公共利益、专业律师操纵、外国投资者滥用最惠国待遇、仲裁庭对公平与公正待遇做出扩大解释等问题。②

当前全球范围内尚缺乏统一的国际数字经济规则体系，全球主要经济体在数据流动和保护、竞争与反垄断、数字税收、网络安全等关键性议题上提出了一系列彼此冲突的方案，导致国际数字经济规则体系处于"碎片化"状态。国际数字经济规则谈判主要在多边、区域和双边等平台展开。世界贸易组织（World Trade Organization，WTO）在数字经济规则谈判上推进缓慢，无论《服务贸易总协定》（General Agreement on Trade in Services，GATS）、《与贸易有关的知识产权协定》（Agreement on Trade-Related Aspects of Intellectual Property Rights，TRIPs）、《信息技术协定》（Information Technology Agreement，ITA），还是《服务贸易协定》（Trade in Service

---

① 姜启军，贺卫. SA8000 认证与中国企业发展 [J]. 中国工业经济，2004（10）：44－45.

② 李国学，东艳. 国际生产方式变革、国际经济规则重塑与制度型开放高地建设 [J]. 学海，2020（5）：21－30.

Agreement，TiSA），其内容都是不完整和过时的；与此同时，区域和双边平台成为各国推动国际数字谈判的"主战场"，区域贸易协定（Regional Trade Agreement，RTA）成为国际数字经济规则的"试验田"，很多新兴议题首先在 RTA 中提出。鉴于此，本书以 RTA 为线索，系统梳理国际数字经济规则所包含的主要内容。WTO 发布的《2018 年世界贸易报告》对 348 个 RTA 里的国际数字经济规则进行了详细分析，总结了 6 大领域、合计 47 项规则，具体的规则条款如表 1－2 所示。

表 1－2　　　　　　　区域贸易协定中的国际数字经济规则

领域	规则内容
数字市场准入	（1）WTO 规则对电子商务的适用性； （2）电子商务章节的适用范围； （3）数字产品的非歧视待遇； （4）数字产品关税； （5）避免电子商务的贸易壁垒； （6）数字服务开放承诺； （7）跨境数据流动； （8）跨境金融数据流动； （9）计算设施本地化； （10）软件源代码保护
电信监管	（11）国内电信监管框架； （12）接入和使用互联网； （13）网络互联费用分担
电子商务国内监管框架	（14）国内规制； （15）电子认证与签名； （16）在线消费者保护； （17）个人信息保护； （18）网络安全； （19）非应邀电子商业信息（垃圾邮件）
数字环境下的知识产权	（20）数字环境下的版权及相关权利保护执法； （21）引用"世界知识产权组织互联网公约"； （22）保护计算机程序和数据库； （23）互联网上的电视信号再传输； （24）针对互联网上的侵权复制的专门措施； （25）技术保护措施； （26）权利管理信息保护； （27）卫星和光缆节目信号保护； （28）数字商标保护； （29）互联网域名管理； （30）网络服务提供者责任； （31）政府使用软件

领域	规则内容
电子政务	（32）无纸化贸易监管； （33）电子化的原产地证书体系； （34）自动化的海关操作系统； （35）电子商标注册体系； （36）以电子方式进行政府采购的一般原则； （37）政府采购的电子投标要求； （38）使用电子方式发布政府采购信息； （39）政府采购的一站式信息窗口； （40）使用电子通信方式进行政府采购； （41）对政府采购的文件和数据保护措施； （42）以技术原因对投标进行限制； （43）信息的电子发布； （44）RTA 机制性安排的电子化管理
合作 与技术援助	（45）科学领域的合作与技术援助； （46）信息及通信技术领域的合作与技术援助； （47）电子商务领域的合作与技术援助

资料来源：世界贸易组织. 世界贸易报告 2018 ［M］. 中国世界贸易组织研究会译. 上海：上海人民出版社，2018：160 – 181。

第二节　理论基础：马克思主义世界经济理论概述

马克思主义是跨学科、跨时代、跨地域的伟大理论体系。马克思和恩格斯是马克思主义的开创者，在他们之后，各民族、各时代的马克思主义者对马克思主义基本原理进行挖掘和补充，构成了不断发展、与时俱进的理论体系。此外，西方马克思主义者和左翼学者也试图以马克思主义的方法和观点研究其所面临的各种问题。因此，马克思主义世界经济理论的作者范围是非常广泛的。马克思和恩格斯等经典作家们始终以宽广的全球视野审视时代问题，但是客观地讲，不仅马克思本人没有完成世界经济理论的主体创作，时至今日，马克思主义世界经济理论体系也很难说完全建立起来。限于个人能力和研究主题，本书并不致力于构建完整的马克思主义世界经济理论体系，只是选择马克思、恩格斯和列宁等经典作家的著作及其理论观点，以便考察理论源流、总结逻辑思路、指导后续研究。

一、马克思主义世界经济理论的总体研究思路

按照早期构想，马克思准备在"政治经济学批判"的总标题下，通过"六册结构计划"完成对资本主义经济制度的"解剖"。这六册著作是《资本》《土地所有制》《雇佣劳动》《国家》《对外贸易》和《世界市场》。前四册是对一国内部资本主义生产方式和经济关系的探讨，后两册是国家对外经济关系以及作为整体的世界经济关系的探讨。[①] 用现代经济学术语表达，前四册是封闭条件下的政治经济学，第五册是开放条件下的政治经济学，第六册是世界政治经济学。其中，《对外贸易》主要研究生产的国际关系、国际分工、国际交换、输出和输入、汇率以及货币作为国际铸币等；《世界市场》主要研究资产阶级社会越出国家的界限、危机、以交换价值为基础的生产方式和社会形式的解体、个人劳动实际成为社会劳动以及相反的情况等。[②]《对外贸易》中的"生产的国际关系"也就是"国际生产关系"，[③] 是对研究对象的高度概括，后面的内容分别对应国际分工、国际贸易和国际货币与金融。《世界市场》是从狭义（各国经济往来所形成的市场）和广义（从世界范围考察的资本主义经济体系）两个角度研究世界资本主义的总危机。[④]

欧阳向英等（2015）用非常简练的语言总结出了马克思主义世界经济理论的主要观点。他们认为，马克思主义对国际问题的理论分析是以国际分工和国际贸易为逻辑起点展开的，在此基础上发展起来的世界市场和资本全球化理论则是马克思主义国际问题分析的核心，而马克思主义世界社

---

① 顾海良. 人类命运共同体政治经济学初探 [J]. 教学与研究，2022（4）：23 – 34.

② 马克思恩格斯全集（第30卷）[M]. 北京：人民出版社，1995：221.

③ 李滨. 马克思主义的国际政治经济学研究逻辑 [J]. 世界经济与政治，2015（7）：4 – 23.

④ 欧阳向英，刘国平，李燕. 马克思主义世界政治经济基础理论研究 [M]. 北京：中国社会科学出版社，2015：1.

会主义革命理论是分析世界市场和资本全球化问题后得出的结论。具体来看，国际分工是马克思主义世界经济学的基础概念，是国际贸易的基础，反过来国际贸易的发展又深化了国际分工。在国际分工和国际贸易的条件下产生了国际价值，导致世界货币流动，形成各国货币的汇率。国际信用体系在推动国际分工和国际贸易发展的同时，又会引起资本主义的经济危机。经济危机到一定程度必然发展为总的政治危机和社会危机，而战争是解决危机、转移危机的途径之一，克服危机的根本出路在于社会主义和共产主义制度的建立。①

基于此，本书认为，马克思主义世界经济理论的分析思路应由以下逻辑链条构成：

国内生产关系变革→资本对外扩张→国际分工形成和发展→国际贸易→国际货币和国际金融→国际信用体系扩张→国际金融危机和经济危机→政治危机和社会危机→战争→社会主义革命。②

国内生产关系变革是马克思主义世界经济理论的逻辑前提，资本对外扩张、国际分工、国际贸易、国际货币和国际金融（包括国际信用体系扩张）是马克思主义世界经济理论的核心内容，全面危机和战争是马克思主义世界经济理论的必然结论，社会主义革命是马克思主义世界经济理论的最终归宿。出于研究需要，本书参考欧阳向英等（2015）和李滨（2015）的研究成果，对国际分工、国际贸易、国际货币和金融三大方面的内容进行重点阐释。③ 但是，为了更好地理解这三方面内容，就必须对它们的前置性逻辑环节——资本对外扩张进行简单说明。

对外扩张源于资本追逐剩余价值的本性。无论是从历史角度看还是从现实角度看，资本对外扩张都是世界市场形成和发展的基础。在《共产党

---

① 欧阳向英，刘国平，李燕. 马克思主义世界政治经济基础理论研究［M］. 北京：中国社会科学出版社，2015：2.

② 这个逻辑链条是为了分析简便而提出的，当然存在（也必然存在）非线性和双向影响等其他情形。

③ 欧阳向英，刘国平，李燕. 马克思主义世界政治经济基础理论研究［M］. 北京：中国社会科学出版社，2015；李滨. 马克思主义的国际政治经济学研究逻辑［J］. 世界经济与政治，2015（7）：4–23.

宣言》中，马克思指出：不断扩大产品销路的需要，驱使资产阶级奔走于全球各地。它必须到处落户，到处开发，到处建立联系。资产阶级，由于开拓了世界市场，使一切国家的生产和消费都成为世界性的了。① 在《俄国资本主义的发展》一书中，列宁用大量篇幅证明了资本必然采取对外扩张的措施。列宁首先指出：资本主义企业必然超出村社、地方市场、地区以至国家的界限。因为国家的孤立和闭关自守的状态已被商品流通所破坏，所以每个资本主义生产部门的自然趋向使它必须"寻求国外市场"。② 那么，资本主义企业为什么必须寻求国外市场呢？因为"与一切受村社、世袭领地、部落、地域或国家的范围所限制的旧的生产方式相反，资本主义生产具有无限扩大的趋势。同时，在一切旧的经济制度下，每次生产更新的形式和规模都和从前一样，而在资本主义制度下，同一形式的更新是不可能的，无限扩大和不断前进成为生产的规律。"③ 正是由于生产的无限制增长，才驱使资本主义企业超过原有经济单位的狭隘界限，不断将统治范围扩展到新的领土上去。资本对外扩张——无论最初是出于何种目的、采用何种手段，发展到一定程度就会带来国际分工格局的变化，进而使各国的经济交往内容发生变化。

二、国际分工：世界经济的基础

国际分工是从生产角度对世界经济进行分析。马克思主义认为，世界经济是以从事于生产的人们之间的关系为基础的。布哈林（Bukharin）对"世界经济"的定义是"全世界范围的生产关系和与之相适应的交换关系的体系"，认为"生产者之间建立的联系，不管是什么形式，不管是直接还是间接建立的，只要这种联系已经建立起来，而且具有了巩固的性质，我们就可以说它是一个生产关系的体系，也可以说是一种社会经济的成长

---

① 马克思恩格斯文集（第2卷）[M]. 北京：人民出版社，2009：35.

② 列宁全集（第2卷）[M]. 北京：人民出版社，1984：34－35.

③ 列宁全集（第2卷）[M]. 北京：人民出版社，1984：133－134.

（或形成）"。①

作为国民分工突破民族国家疆界的延续和各类生产劳动在全球劳动结构之间的分配，国际分工体现着劳动者在国际上各类生产劳动之间的分配。马克思主义世界经济的研究应以生产全球化为逻辑起点，因为当代世界生产的主要特征就是生产全球化。② 在马克思和恩格斯的年代，国际分工格局是以少数工业国为中心、广大农业国为外围构成的，因而是不平等的。大工业的产生和发展使地球的一部分转变为主要从事农业的生产地区，以服务于另一部分主要从事工业的生产地区，工业国消费农业国的大部分过剩原材料和农产品，同时又满足农业国对工业品的大部分需要。

当前生产全球化的主要内容是产业链分工。产业链分工的实质是工序分工，这对马克思主义学者来讲并不陌生，列宁早在19世纪末就提及工序分工的发展。在《俄国资本主义的发展》一书的开篇，列宁写道："社会分工是商品经济的基础……商品经济的发展使单独的和独立的生产部门的数量增加。这种发展的趋势是：不仅把每一种产品的生产，甚至把产品的每一部分的生产，都变成专门的生产部门；而且不仅把产品的生产，甚至把产品准备好以供消费的各个工序都变成单独的生产部门。"③ 产业链分工形成和发展的直接原因是对外直接投资的发展，也就是通过产业资本输出的方式实现的。

这种不平等的国际分工对落后国家的影响有两方面：一方面，参与国际分工能够使落后国家获得比本国生产更便宜的技术和产品，可以节约本国劳动，因而存在着对本国经济发展有利的一面；④ 另一方面，现代国际分工体系是以资本主义私有制为基础产生和发展的，因此必然带有强制性和剥削性，体现了霸权国家对其他国家以及发达国家对发展中国家的压

---

① 布哈林. 世界经济和帝国主义 [M]. 蒯兆德，译. 北京：中国社会科学出版社，1983：8 – 9.

② 李滨. 马克思主义的国际政治经济学研究逻辑 [J]. 世界经济与政治，2015（7）：4 – 23.

③ 列宁专题文集·论资本主义 [M]. 北京：人民出版社，2009：6.

④ 欧阳向英，刘国平，李燕. 马克思主义世界政治经济基础理论研究 [M]. 北京：中国社会科学出版社，2015：45.

榨；反过来讲，现代国际分工体系中存在着其他国家对霸权国家以及发展中国家对发达国家的依附。

三、国际贸易：国际分工的实现条件

"生产决定交换，交换对生产具有反作用"，这是马克思主义政治经济学对生产与交换关系的基本看法。国际分工的表现是国际交换，国际交换促进世界市场和世界价格的形成。① 国际贸易（或称为"国际商品流通"）就是国际交换，只有把国际贸易作为国际分工的实现条件看待，才能发现国际贸易在维护着怎样的国际生产关系，才能发现国际贸易怎样和国际分工一起影响着国际政治；与此同时，由于国际贸易对国际分工具有反作用，所以各国的贸易政策（体现着权力关系）对国际分工也存在影响，这是理解自由贸易和贸易保护等国际贸易政策的关键。②

国际贸易是资本主义生产方式的必然产物。"对外贸易的扩大，虽然在资本主义生产方式的幼年时期是这种生产方式的基础，但在资本主义生产方式的发展中，由于这种生产方式的内在必然性，这种生产方式要求不断扩大市场，它成为这种生产方式本身的产物。"③ 在资本主义发展的不同阶段，国际贸易与产业资本的关系有所不同。在工场手工业时期，商业上的霸权带来工业上的优势，掠夺性的殖民贸易在资本主义大工业的发展过程中起到巨大作用；在大工业建立之后，则是工业上的霸权带来商业上的优势，并使资产阶级真正成为社会的统治阶级。"大工业建立了由美洲的发现所准备好的世界市场。世界市场使商业、航海业和陆路交通得到了巨大的发展。这种发展又反过来促进了工业的扩展，同时，随着工业、商业、航海业和铁路的扩展，资产阶级也在同一程度上得到发展，增加自己

---

① 欧阳向英，刘国平，李燕. 马克思主义世界政治经济基础理论研究［M］. 北京：中国社会科学出版社，2015：132.

② 李滨. 马克思主义的国际政治经济学研究逻辑［J］. 世界经济与政治，2015（7）：4－23.

③ 马克思恩格斯文集（第7卷）［M］. 北京：人民出版社，2009：264.

的资本，把中世纪遗留下来的一切阶级排挤到后面去。"①

进入垄断资本主义阶段，各工业强国加强了对产品销售市场和原材料产地的争夺，这种争夺的根本动力在于获取超额利润。从产品销售来看，当国际贸易已经成为世界资本再生产中经常起作用的要素时，工业强国能够通过对外贸易获得超额利润，因为他们是和生产条件较为不利的国家进行竞争，其商品的个别价值低于社会价值；② 而且，由于垄断组织的支配地位，来自对外贸易的超额利润具有稳定性和固定化趋势，而工业国家内部的利润率下降趋势也驱使商品越来越远离它们的祖国。③ 竞争也起到了重要作用，一方面，垄断带来生产力的快速增长，大量商品被快速生产出来，寻求国外市场的商品量也日益增加；另一方面，尚未被各工业国占领的市场日益狭窄，对已有销售市场的争夺势必引起各资本主义强国之间的冲突。"资本主义发展的步伐愈迅速，经济生活的工业化与农村的都市化进程愈强有力，工业与农业之间的不均衡就愈严重，工业发达国为占有落后国而进行的竞争也愈激烈，这就不可避免地引起它们之间的公开冲突。"④

从当代国际分工和国际贸易发展的现实来看，发达国家拥有最多的巨型跨国公司，集中了全球的科技和知识，占据了产业链高端，发展中国家只能被锁定在产业链低端，形成所谓的"微笑曲线"，发达国家可以通过价值链贸易对发展中国家形成不等价交换。

四、国际金融：从中介角色到整体统治者

国际金融包括国际货币体系和国际信用体系等多方面内容。货币产生于商品的内在矛盾，世界货币是货币的五大职能之一，是商品交换跨越国

---

① 马克思恩格斯选集（第1卷）[M]. 北京：人民出版社，1995：273-274.
② 此处的"社会"应理解为世界资本主义整体。
③ 布哈林. 世界经济和帝国主义 [M]. 蒯兆德，译. 北京：中国社会科学出版社，1983：60-61.
④ 布哈林. 世界经济和帝国主义 [M]. 蒯兆德，译. 北京：中国社会科学出版社，1983：70.

界后的必然产物。在马克思的时代，世界市场虽然已经形成，但发展程度还相对较低，世界货币主要指贵金属货币（金和银），主要职能是作为支付手段平衡国际贸易差额。但是，自布雷顿森林体系解体以来，世界货币已经"去黄金化"，或者说黄金已经"非货币化"，这意味着世界货币彻底虚拟化了。世界货币的虚拟化固然有政治上的原因，但归根结底还是第二次世界大战后世界商品生产与流通的巨大发展，这造成货币的交易需要远超过黄金供应，导致作为价值符号的纸币已经取代了黄金来发挥世界货币的职能。① 在当今高度成熟的世界市场上，世界货币已经成为强大经济实力的象征，货币霸权也成为霸权国家的象征。

国际信用体系指不同国家信贷市场相互联系所形成的全球投融资体系。② 马克思主义信用理论的核心问题是借贷资本及其带来的利息问题。借贷资本的运动反映着债权人与债务人的信用关系。随着资本主义生产的不断发展，资本主义信用体系不断完善，规模不断扩张，股票、债券、公债和不动产抵押证券等有价证券得到广泛发展。马克思将这些有价证券称为"虚拟资本"，并揭示了虚拟资本的投机性和掠夺性。在垄断资本主义阶段，资本主义信用制度得到了更大程度的发展，银行业开始集中于少数机构，这使银行的角色由普通的信用中介转变为势力极大的垄断者，它们"支配着所有资本家和小业主的几乎全部社会资本"，③ 并由此产生了金融资本。在国际上，金融资本不仅支配着本国和许多国家的大部分生产资料和原料产地，而且作为"把各地的资本收集起来并贷给资本家的资本大仓库，逐渐从国家银行变成了国际银行，它们把各国资本收集起来，分配给欧洲和美洲的资本家。"④ 金融资本的密网布满了全世界，并开始在世界体系和国际关系中起决定性作用。"金融资本是一种存在于一切经济关系和一切国际关系中的巨大力量，可以说是起决定作用的力量，它甚至能够

---

① 李滨. 马克思主义的国际政治经济学研究逻辑 [J]. 世界经济与政治, 2015 (7)：4 - 23.
② 张发林. 国际金融权力：理论框架与中国策略 [J]. 当代亚太, 2020 (6)：124 - 152.
③ 列宁专题文集·论资本主义 [M]. 北京：人民出版社, 2009：120.
④ 列宁专题文集·论无产阶级政党 [M]. 北京：人民出版社, 2009：13 - 14.

支配而且实际上已经支配着一些政治上完全独立的国家。"① 而拥有大量金融资本的国家，可以在国际关系中处于支配地位，金融资本对其他一切形式的资本的优势，意味着少数拥有金融实力的国家处于和其余国家不同的特殊地位。②

从历史进程看，垄断资本主义可以分为三个时期。第一个时期是私人垄断资本主义时期（19 世纪和 20 世纪之交至 20 世纪 40 年代），第二个时期是国家垄断资本主义时期（第二次世界大战后至 20 世纪八九十年代），第三个时期是国际金融垄断资本主义时期（20 世纪末至今）。③ 在国际金融垄断资本主义时期，占统治地位的资本是国际金融资本。在以美国为首的国际金融资本主导的全球资本大循环中，发展中国家通过出售中低端产品（包括中间产品和最终产品）获得的美元去购买美国的金融产品，美国则凭借各种信用手段（包括个人信贷、政府公债和各种金融衍生品等）和货币政策维持着"高债务 + 高消费"模式，④ 这造成了世界体系对美国主导的国际金融资本的依赖。在这一扩张过程中，金融资本的属性发生了巨大变化。金融资本具有二重属性，即生产性与寄生性并存，在国际金融垄断资本主义时期，金融资本的寄生性逐渐取代了生产性，成为矛盾的主要方面。美国经济实际上是建立在债务基础上的，债务锁链束缚着同时也维持着庞大帝国的运转，并由此产生了所谓的"债务人逻辑"，即大量举债而且欠钱不还，这充分体现了国际金融资本的寄生性。⑤

总之，当今世界体系的运行不再是简单地以国家为单位进行，跨越国家疆界的国际金融资本开始成为世界体系的重要力量。当然，这不是否认主权国家及其政策对世界体系运行的影响，而是意味着国际金融资本主导

---

① 列宁专题文集·论资本主义 [M]. 北京：人民出版社，2009：169.

② 列宁专题文集·论资本主义 [M]. 北京：人民出版社，2009：148.

③ 王伟光. 国际金融垄断资本主义是垄断资本主义的最新发展，是新型帝国主义 [J]. 社会科学战线，2022（8）：1 – 27.

④ 张春敏. 国际金融危机是国际金融资本主导的世界经济体系危机 [J]. 河北经贸大学学报，2010（3）：18 – 25.

⑤ 李晓. 美元体系的金融逻辑与权力——中美贸易争端的货币金融背景及其思考 [J]. 国际经济评论，2018（6）：52 – 71.

下的全球化进程已经将各国的生产、交换、分配和消费日益连接成一个统一的整体，并使其服务于国际金融资本积累的需要，因此任何主权国家在制定经济政策和外交政策时都不得不考虑国际金融资本的结构性制约；此外，在世界体系中，发达资本主义国家仍然占据优势地位，这种优势地位不仅源于高科技产业实力，更重要的是源于国际金融资本实力。

第二章　列宁的世界体系理论
与数字时代的大国竞争

在国际关系理论中，世界体系论是继承古典马克思主义政治经济学传统的代表性理论，是马克思主义国际政治经济学理论的重要组成部分。一般认为，世界体系论主要由沃勒斯坦（Wallerstein）等人创立，兴起于20世纪70年代的美国，随后在全球其他地区得到广泛传播。实际上，列宁的帝国主义理论也包含着一种世界体系思想，例如《帝国主义论》明确提出资本主义已成为极少数"先进"国对世界上绝大多数居民实行殖民压迫和金融扼杀的世界体系。[①] 在列宁之后，很多学者注重挖掘其理论中的世界体系思想，例如复旦大学陈其人教授较早地阐释和发展了列宁的世界体系思想。[②] 陈其人教授以《资本论》和《帝国主义论》为基础，对垄断资本主义时代的生产关系进行了理论抽象，完善和发展了列宁从"世界体系"角度研究帝国主义的理论框架，因而开拓了一个新领域，建立了一个新体系，形成了一种新范式。本书将这种最先由列宁提出，继而由其他马克思主义理论家（主要是陈其人等学者）论证、充实和发展了的世界体系理论统称为"列宁世界体系理论"或"列宁式世界体系论"。当前，在百年未有之大变局的冲击下，世界政治经济格局呈现出史上罕见的不确定性

---

① 列宁专题文集·论资本主义 [M]. 北京：人民出版社，2009：102.
② "殖民帝国"系列专著包括《帝国主义理论研究》《帝国主义经济与政治概论》《殖民地经济分析史和当代殖民主义》和《南北经济关系研究》。

和不稳定性，特别是数字技术带来社会生产方式的巨大变革使国家间地缘经济竞争模式发生变化，重温和挖掘列宁的世界体系理论对理解数字时代的大国竞争具有极强的现实意义。

第一节　列宁的世界体系理论：帝国主义是一种世界体系

任何新的社会科学理论赖以建立和发展的首要基础都是现实变革，面对现实变革，社会科学家们综合前人的研究成果，依据不同的方法论建立不同的理论模型，以期解释变革的实质、评估变革的影响和预测变革的趋势。列宁的世界体系理论是对资本主义进入垄断阶段的理论反应，是依据马克思主义方法论对垄断资本主义经济与政治基本问题作出的新的理论概括。

一、现实基础

列宁的世界体系理论可以用一句话来概括：帝国主义（垄断资本主义）是一种世界体系，它是垄断资本和受其统治的国内外殖民地的对立统一体。[①] 因此，列宁分析现代世界体系的现实基础是资本主义进入垄断阶段。[②] 资本主义诞生以后的最重大变化，莫过于从自由竞争资本主义向垄断资本主义的转变，这种转变的生产力基础是第二次工业革命以及由此带来的重工业部门的发展。在 19 世纪 70 年代以前，除英国外，各主要资本主义国家仍然是农业占优势；在整个世界的工业体系中，轻工业占据主要地位，重工业部门（如采煤、冶金和机器制造）的基础比较薄弱。19 世

---

① 陈其人. 陈其人文集：经济学争鸣与拾遗卷 [M]. 上海：复旦大学出版社，2005：393.
② 丰子义. 垄断时期的"世界体系"——列宁关于世界历史的分析视角 [J]. 党政干部学刊，2013（5）：4 – 9.

纪70年代以后，第二次工业革命推动了一系列新技术和新发明的产生，使原有的重工业部门迅速发展起来，带动了一系列新兴重工业部门的兴起，包括电力、电机、化工、石油、汽车和飞机制造等。[①] 19世纪末，美国、英国、德国等先进资本主义国家实现了产业结构的重工业化，重工业在世界工业中开始占据主要地位。产业结构的改变加剧了资本的积聚和集中，生产和资本日益集中在少数企业手中，由此产生了卡特尔（Cartel）、辛迪加（Syndicate）、托拉斯（Trust）和康采恩（Konzern）等垄断组织。

在此过程中，由于工业的固定资本投资需求越来越大，银行等信用机构的作用日益重要，工业垄断资本和银行垄断资本日益融合生长，产生了金融资本，金融资本进而发展成为金融寡头。有必要指出，马克思主义政治经济学中的"金融资本"并不是与商业资本、产业资本并列的资本形态，而是一种整合了各种职能资本形式又反过来支配各种职能资本的总体性资本形态。[②] 金融资本是资本主义社会的真正统治者，列宁认为，世界的典型的"统治者"已经是金融资本，金融资本在国内和国际上特别流动灵活，特别错综复杂；它特别不固定，脱离直接生产，特别容易集中，而且早已集中，于是几百个亿万富豪和百万富豪便直接掌握了整个世界的命运。[③]

金融资本的垄断势力可以归结为两个方面：对宗主国和海外殖民地的垄断。在宗主国，金融资本通过商品生产中各种形式的垄断价格（包括垄断高价和垄断低价）以及非商品生产中的金融投机、金融欺诈和操纵政权等攫取垄断利润；但是由于金融资本的垄断统治，国内有利可图的投资场所已经不够，形成了大量的过剩资本，攫取不到垄断利润的过剩资本便输出到海外殖民地去，并以此为基础在经济上垄断和在领土上占领海外殖民地，以攫取垄断利润。所以，对外扩张是垄断资本主义必然采取的政策。[④] 随着帝国主义国家都力图夺取和独占海外殖民地，各国争夺势力范围的斗

---

① 樊亢，宋则行. 外国经济史：近代现代（第二册）[M]. 北京：人民出版社，1991：4 – 5.
② 宋朝龙. 列宁金融资本批判理论的科学逻辑及其当代价值 [J]. 马克思主义研究，2020，245（11）：70 – 82.
③ 布哈林. 世界经济和帝国主义 [M]. 蒯兆德，译. 北京：中国社会科学出版社，1983：Ⅲ.
④ 陈其人. 帝国主义理论研究 [M]. 上海：上海人民出版社，1984：42 – 43.

争加剧了，为了保证分享垄断利润，它们暂时达成协定，在经济上和政治上瓜分世界；但是由于资本主义经济和政治发展不平衡规律的作用，帝国主义国家之间的实力对比迟早会发生变化，使重新瓜分世界不但不可避免，而且较之以往更加激烈，最终引发冲突和战争。

第二次世界大战后，旧殖民主义体系瓦解，垄断资本运动所面临的国际环境发生了变化，但是垄断资本主义的本质及其对外扩张的趋势不可能改变。为了追求垄断利润，垄断资本需要海外的商品销售市场、原料供应基地和资本投资场所，而要更有效地做到这一点，就要对发展中国家进行形形色色的控制和干涉。为此，发达资本主义国家构建和推行了新殖民主义政策体系。① 新殖民主义的特点是不进行直接的殖民统治，但仍然要保持甚至强化原宗主国对原殖民地国家的支配。新殖民主义可以分为两个阶段，即冷战时期和后冷战时期。在冷战时期，发达资本主义国家一方面要与苏联对抗，另一方面要阻止发展中国家走社会主义道路。在后冷战时期，美国成为唯一的超级大国，美国及其西方盟友推行新殖民主义的战略和策略发生了一些变化，具体表现为利用同盟体系（如北约）将越来越广大的地区纳入西方主宰的政治实体中，利用海外军事基地随时准备在世界各地采取威吓行动或动用武力，利用国际组织（如世界银行、国际货币基金组织等）压制发展中国家、干涉发展中国家内政，利用跨国公司、经济制裁和债务负担向发展中国家施压、给发展中国家套上经济枷锁，利用意识形态武器灌输西方价值观念等。② 这种集政治、军事、经济、思想文化等多方面表现于一身的新殖民主义是列宁世界体系理论的现代基础。

---

① 新殖民主义不同于霸权主义、强权政治或干涉主义，新殖民主义这个概念有着更广泛、更深刻的含义，霸权主义、强权政治和干涉主义在一定情况下或在某种意义上是新殖民主义的表现，包含在新殖民主义范畴之内。参见张顺洪，孟庆龙，毕健康．新殖民主义论：对当代世界的一种解释 [J]．马克思主义研究，1999（4）：9–17．

② 张顺洪，孟庆龙，毕健康．英美新殖民主义 [M]．北京：社会科学文献出版社，1999：298–305．

可以看出，列宁的世界体系理论与沃勒斯坦的世界体系理论的现实基础存在明显差异：前者是垄断资本主义，后者是一般资本主义。这种差异导致了分析单位的不同。沃勒斯坦虽然声称超越了以民族国家为分析单位的传统做法，并成功地代之以世界体系为分析单位，但这只是一种机械式的整体主义。沃勒斯坦的"世界体系"的最根本特征是以资本主义生产方式为基础，资本积累是世界体系形成和扩张的动力。但是沃勒斯坦的"世界体系"更像是民族国家的扩大版，只是范围和体量更大而已，其理论深层仍然是民族国家视角。① 这或许可以解释沃勒斯坦的世界体系理论的缺陷，即过分强调体系结构的作用，忽视了社会内部的制度结构，不够重视内部因素如何抗衡体系结构。② 列宁的世界体系理论以经济形态（垄断资本主义）作为研究对象，将帝国主义和殖民地统一起来加以研究，③ 以垄断利润为核心问题贯穿整个理论体系，从而解释了整个世界为什么会融合为一个统一的经济体、帝国主义为什么干扰其他民族、列强为什么互相斗争、新的世界体系将如何诞生，从而科学地揭示了全球生产关系与全球政治格局之间的关系，真正做到了整体主义的分析方法和一体化的研究。

二、理论渊源

马克思虽然没有发展出完整的帝国主义理论，但是创立了关于资本主义及其发展的一般理论，提出了帝国主义研究的方法论原则（如唯物史观），这些贡献成为后续帝国主义研究的理论基础。马克思（当然也包括恩格斯）还敏锐地察觉到资本主义的垄断趋势并给予极大关注，他们根据对资本主义发展规律的研究，阐明了资本主义向垄断发展的必然性以及它所具有的根本性质与矛盾，同时对某些特殊的表现（如生产集中、股份公

---

① 张康之，张桐. 讨论沃勒斯坦世界体系论的分析单位 ［J］. 人文杂志，2016（1）：95 – 104.

② 张晶. 整合与超越：沃勒斯坦世界体系理论评述 ［J］. 经济视角，2009（11）：42 – 44.

③ 陈其人. 陈其人文集：经济学争鸣与拾遗卷 ［M］. 上海：复旦大学出版社，2005：393.

司和垄断组织的发展、资本过剩和资本输出、资本主义的寄生和腐朽趋势等）进行了考察。[①]

列宁继承了马克思创立的政治经济学分析框架，同时吸收了前人有价值的研究成果，例如列宁在研究帝国主义理论时，参阅了大量书籍和各种文献资料，共记下了 20 本笔记和其他单独的札记、材料，共计约1000 页的篇幅，这些笔记通称《关于帝国主义的笔记》，它比较全面地反映了列宁帝国主义学说的理论渊源。择其要者，列宁利用和补充了霍布森（Hobson）的"资本扩张本质论"和"帝国主义寄生性"理论，基本继承了希法亭（Hilferding）的"金融资本垄断论"，直接吸收了布哈林的资本"国际化"与"民族化"理论。[②]

霍布森是对现代帝国主义进行系统研究的第一人。霍布森对帝国主义的基本思想可以概括为两点：一是各列强都竭力扩大政治势力范围和促进经济利益，由此形成相互竞争的格局；二是金融利益或投资利益统治着商业利益，金融资本家为了私利将扩张政策强加给其他阶级和国家。[③] 霍布森认为，帝国主义是各国为了争夺殖民地而实行的对外扩张政策，而帝国主义对外扩张的真正动力是为工业巨头寻求销售国内剩余产品的国外市场与增殖国内过剩资本的国外投资场所；[④] 在这种对外扩张中，金融资本家是中心领导力量和指导力量，他们的投资利益才是"帝国主义经济的决定性因素"，[⑤] 伴随着资本输出的发展，资本主义国家来自对外投资的利润收入大大超过对外贸易，"所有的发达工业国都企图超越界限，在外国或殖民地扩大投资，并借此获得滚滚财源"，[⑥] 导致帝国主义国家呈现出明显的寄生性趋势。

希法亭以首次系统诠释"金融资本"理论而著称。希法亭指出，资本

---

① 蔡中兴. 帝国主义理论发展史 [M]. 上海：上海人民出版社，1987：20 – 38.
② 刘维春. 列宁帝国主义论的再理解 [M]. 北京：社会科学文献出版社，2013：1.
③ 霍布森. 帝国主义 [M]. 卢刚，译. 上海：上海人民出版社，2017：271 – 272、312、317.
④ 霍布森. 帝国主义 [M]. 卢刚，译. 上海：上海人民出版社，2017：82 – 83.
⑤ 霍布森. 帝国主义 [M]. 卢刚，译. 上海：上海人民出版社，2017：61、64.
⑥ 霍布森. 帝国主义 [M]. 卢刚，译. 上海：上海人民出版社，2017：55.

主义的发展已经进入了一个新阶段，金融资本的统治是这个阶段最基本的经济特征。希法亭从两个方面来定义帝国主义：一是金融资本，二是列强竞争。① 他认为，金融资本的发展改变了资本主义社会的经济结构和政治结构，金融资本在它的完成形态上意味着资本寡头对经济或政治权力的掌握达到最高阶段，② 国家政权已成为一小撮金融寡头的统治工具。从对外政策来看，金融资本的首要目的是输出资本，并且日益由借贷资本输出向产业资本输出转变；③ 而资本输出必然要求资本主义国家的对外政策发生变化，一方面要对不发达地区实现殖民统治，以征服和侵略等暴力手段克服资本输出的经济障碍；另一方面要应对列强竞争，对于新的投资场所和势力范围的争夺将激化帝国主义国家之间的矛盾，导致冲突和战争。

布哈林将帝国主义、金融资本与世界经济结合起来加以考察。他认为，研究帝国主义问题，研究帝国主义的经济特征及其未来，归根结底是要分析世界经济的发展趋势，分析世界经济内部结构可能发生的变化，④ 其观点可以概括为"帝国主义就是金融资本或垄断资本条件下的世界经济"。⑤ 布哈林强调垄断资本有两种趋势：一种是资本国际化趋势，即垄断资本突破本国政治疆界向外扩张，垄断资本主义生产关系和其他生产关系发生联系，形成世界生产关系体系（即世界经济）；另一种是资本民族化趋势，即垄断资本扩张的地方都形成或扩大为垄断资本主义国家的统治范围，其实质是资本的帝国化趋势。⑥ 由于各"民族的"资产阶级集团竭力扩张经济领土和势力范围，它们之间的利害冲突极度尖锐起来，不可避免地出现倾轧与冲突，最终导致战争。经过以上分析，布哈林认为，帝国主义就是金融资本的政策，它支撑金融资本的结构；它使全世界服从于金

---

① 张建新. 激进国际政治经济学 [M]. 上海：上海人民出版社，2011：96.

② 希法亭. 金融资本：资本主义最新发展的研究 [M]. 福民，等译. 北京：商务印书馆，1994：429.

③ 希法亭. 金融资本：资本主义最新发展的研究 [M]. 福民，等译. 北京：商务印书馆，1994：17 – 18.

④ 布哈林. 世界经济和帝国主义 [M]. 蒯兆德，译. 北京：中国社会科学出版社，1983：1 – 2.

⑤ 陈其人. 布哈林经济思想 [M]. 上海：上海社会科学院出版社，1992：58.

⑥ 陈其人. 帝国主义理论研究 [M]. 上海：上海人民出版社，1984：19 – 20.

融资本的统治；它以金融资本的生产关系代替古老的前资本主义生产关系和旧的资本主义的生产关系。① 从这个定义来看，布哈林事实上认为帝国主义是资本主义的一个历史阶段，因为帝国主义这种政策是历史性的，本质上是生产关系的变革。

此外，列宁还批判和吸收了前人的殖民地理论。列宁认为，只要垄断资本主义存在，就必然有国外和国内两种殖民地，国内殖民地指的是国内被压迫民族（如当时俄国的非俄罗斯民族），② 现代殖民地的新作用是为垄断资本提供垄断利润。③ 在列宁之后，国内殖民地理论有了很大发展，陈其人完善和拓展了列宁的"国内殖民地"理论，构建了相对完整的垄断资本主义殖民地理论。陈其人认为，垄断资本主义据以剥削垄断利润的对象就是其殖民地，④ 这种殖民地确实分为国内和国外两种，其中，国内殖民地包括移民垦殖的移民、被奴役的土著、经济上被垄断势力控制和剥削的居民；国外殖民地分为政治殖民地和经济殖民地，现在政治殖民地几乎不存在了，但是经济殖民地依然存在，并形成了当代殖民主义。⑤

三、方法论特点

根据列宁的世界体系理论，帝国主义不仅是资本主义的最高阶段，而且是一种世界体系。因此，列宁世界体系理论的方法论就是其研究帝国主义的方法论。在此前的帝国主义研究中，霍布森从分配领域出发，将帝国

---

① 布哈林. 世界经济和帝国主义 [M]. 蒯兆德，译. 北京：中国社会科学出版社，1983：78、82.

② 列宁在为《帝国主义论》所作序言中指出，为了对付沙皇政府的书报检查，不得不采用伊索式的语言，例如在说明兼并政策时以日本做例子，但"细心的读者不难把日本换成俄国，把朝鲜换成芬兰、波兰、库尔兰、乌克兰、希瓦、布哈拉、爱斯兰和其他非大俄罗斯人居住的地区"。很明显，这里的"非大俄罗斯人居住的地区"就是俄国的国内殖民地。参见列宁专题文集·论资本主义 [M]. 北京：人民出版社，2009：98 – 99.

③ 陈其人. 殖民地的经济分析史和当代殖民主义 [M]. 上海：上海社会科学院出版社，1994：143 – 145.

④ 陈其人. 世界体系论的否定与肯定 [M]. 北京：时事出版社，2004：300 – 303.

⑤ 陈其人. 殖民地的经济分析史和当代殖民主义 [M]. 上海：上海社会科学院出版社，1994：274 – 283.

主义的经济根源归结为分配不当。他认为，帝国主义产生的经济条件是"生产能力的增长超过消费能力的增长"，这导致国内产品和资本无法被充分吸收，① 而消费能力增长缓慢的根源在于不合理的收入分配。希法亭试图说明垄断的成因，并将其归纳为工业企业规模和产能庞大，但是他分析垄断的出发点是货币，认为垄断是由于流通社会化引起的，即银行集中了大量闲置资本和收入，并将巨额货币资本作为生产资本发挥作用，从而控制了工业。列宁研究帝国主义的方法论是坚持从生产出发，具体包括两个方面：其一是从生产领域出发，生产决定流通、分配和消费；其二是从生产的内部条件出发，生产的内部条件决定生产的外部条件（如竞争）。在垄断资本主义阶段，生产领域的本质特征是垄断的形成和发展，生产的内部条件是垄断资本攫取垄断利润。列宁首先从生产集中角度说明垄断，进而从垄断角度说明金融资本的形成，金融资本要获取垄断利润，"集中在少数人手里并且享有实际垄断权的金融资本……替垄断者向整个社会征收贡赋"；② 其次从国内垄断说明资本输出的必要性，垄断限制了资本在部门间的流动，同时加速了资本积累，垄断资本攫取垄断利润导致市场日益狭小，过剩资本的存在成为一种经常的现象，过剩资本必然向外输出；最后从资本输出角度说明垄断资本家形成国际垄断同盟，从政治经济上瓜分和重新瓜分世界。

陈其人在完善和发展列宁世界体系理论的过程中，创造性地吸收和发挥了卢森堡（Luxemburg）的方法论。③ 针对资本积累问题，卢森堡曾提出"第三者"理论。她认为，资本积累的问题只是剩余价值的实现，在只有资本家和工人两个阶级的条件下，资本积累是不可能的，因此需要"第三者"（主要是个体生产者）参与；基于此，资本主义经济是不能独自存在的，而是需要不断向非资本主义经济环境扩张。卢森堡的资本积累理论是错误的，因为资本积累不单是剩余价值的实现，而是包括剩余价值在内

① 霍布森. 帝国主义 [M]. 卢刚，译. 上海：上海人民出版社，2017：79.
② 列宁. 帝国主义是资本主义的最高阶段 [M]. 北京：人民出版社，2014：50.
③ 陈其人. 世界体论的否定与肯定 [M]. 北京：时事出版社，2004：1-2.

的全部价值以及全部使用价值的实现，马克思《资本论》第二卷中的社会总资本再生产理论雄辩地证明了资本主义经济完全能够为自己提供实现条件。陈其人认为，卢森堡的理论虽然错误，但是其中包含着的"一种经济成分要以另一种经济成分为存在条件"的方法论是正确的，这种情况不仅存在于古代奴隶社会，而且存在于垄断资本主义社会。简单地讲，没有非垄断资本主义经济成分和社会成分，垄断资本主义经济就不可能存在；之所以如此，是因为后者必须从前者攫取垄断利润。基于此，陈其人提出"垄断资本主义是一种世界体系"的观点。① 可以用一个简单的逻辑学公式表达卢森堡和陈其人之间的理论差异。

卢森堡的看法是：

大前提：不能为自己提供存在条件的经济成分就是一种世界体系；

小前提：资本主义经济是不能独自存在的，要以非资本主义经济成分作为存在条件；

推论：资本主义是一种世界体系。

而陈其人的看法是：

大前提：不能为自己提供存在条件的经济成分就是一种世界体系；

小前提：垄断资本主义经济是不能独自存在的，要以非垄断资本主义经济成分和社会成分作为存在条件；

推论：垄断资本主义是一种世界体系。

第二节　列宁世界体系理论的经济分析

垄断资本主义世界体系作为一个体系，它的本质特征是垄断资本向其他经济成分和社会成分攫取垄断利润，并通过资本对外扩张将这种攫取变成一种全球性现象。这是列宁世界体系理论的经济层面，也是本章集中讨论的主题，笔者将内容概括为三个主要方面：世界体系的内涵和演进历

---

① 陈其人. 世界体系论的否定与肯定［M］. 北京：时事出版社，2004：315.

程、世界体系的结构和运行机制、世界体系的矛盾和危机趋势。

一、内涵和演进历程

每种经济形态都有它的生产的实质，这是由其生产资料所有制决定的，并表现为一定的经济范畴。奴隶制经济的生产实质是奴隶主直接占有奴隶生产的剩余生产物；封建制经济的生产实质是封建主占有农奴或农民交纳的地租；资本主义经济的生产实质是资本家榨取剩余价值；垄断资本主义的生产实质是垄断资产阶级攫取垄断利润。[①] 列宁对世界体系的总观点是"极少数'先进'国对世界上绝大多数居民实行殖民压迫和金融扼杀"，[②] 结果是"极少数富国……把垄断扩展到无比广阔的范围，攫取着数亿以至数十亿超额利润，让别国数亿人民'驮着走'，为瓜分极丰富、极肥美、极稳当的赃物而互相搏斗着。"[③] 受此启发，笔者认为，世界体系的实质是发达资本主义国家及其占统治地位的垄断资本集团向其控制下的世界上绝大多数居民攫取垄断利润。

基于此，"世界体系"的定义包括广义和狭义两种。广义的定义是：垄断资本向其控制下的全世界范围内的其他经济成分和社会成分攫取垄断利润的生产关系体系和与之相适应的上层建筑体系的总和。如果考虑到民族国家的因素，就产生了狭义的定义，即垄断资本统治下的发达资本主义国家向其控制下的发展中国家攫取垄断利润的生产关系体系和与之相适应的上层建筑体系的总和。

垄断利润问题是列宁世界体系理论的核心问题，具体包括垄断利润的内涵、成因、必要、实质、来源、攫取方式以及由此产生的政治经济问题。本部分只关注垄断利润的内涵和成因。我国学术界对垄断利润的内涵的主要分歧在于：垄断利润是垄断资本所获得的全部利润，还是垄断资本

---

① 陈其人. 帝国主义经济与政治概论 [M]. 上海：复旦大学出版社，2013：79 – 80.
② 列宁专题文集·论资本主义 [M]. 北京：人民出版社，2009：102.
③ 列宁全集（第二版 增订版）第 28 卷 [M]. 北京：人民出版社，2017：79.

所得利润中超过平均利润的部分？南开大学高峰教授详细考察了国内学术界的争论，最后提出"广义说"与"狭义说"。广义的或不严格意义的垄断利润是指垄断企业所获得的全部利润，狭义的或严格意义的垄断利润是指垄断企业因其垄断地位所获得的特殊超额利润，后者才是范畴意义上的垄断利润。垄断利润的特殊性体现在垄断所产生的超额利润不像自由竞争资本主义阶段的超额利润是暂时的，也不像农业资本比较稳定地转化为地租，而是一种长期稳定的、归垄断资本所有的超额利润。①垄断利润的根本成因在于垄断势力。很多经济学流派都认为取得垄断地位的大公司之所以能够长期获得超额利润，是垄断势力作用的结果，是大公司通过垄断高价（抬高售价）、垄断低价（压低进价）和其他手段获得的。但是也有一些学者反对这种说法，认为大公司的高额利润来自高效率，包括规模经济、技术和产品先进、管理完善等。高峰反驳了这种说法，他认为垄断资本必然具有高效率这一观点缺乏充分的事实依据，即使垄断企业具有成本优势，也往往是垄断势力使然，而非技术先进或管理完善等原因所致。②

从演进历程看，世界体系已经走过了准备期、形成期、发展期和深化期四个阶段。

从17世纪资本主义兴起到19世纪70年代之前的资本原始积累阶段和资本主义自由竞争阶段，是世界体系形成的准备期，其内容是资本主义兴起和世界市场体系的形成。18世纪中期到19世纪60年代，西欧国家相继完成工业革命，资本主义生产方式最终确立，同时在亚洲、非洲、拉丁美洲和澳洲大肆进行殖民扩张和殖民掠夺，从而把这些地区纳入资本主义国际分工体系中。结果是，西方借工业革命之势造就了以西欧工商业城市为核心、以海外殖民地为边缘的世界性商业网络，这一网络以宗主国输出

---

① 高峰教授还论证了，狭义的或严格意义的垄断利润是符合马克思的分析的，也为列宁、布哈林等经典作家所接受。详见高峰．发达资本主义经济中的垄断与竞争［M］．天津：南开大学出版社，1996：246-249．

② 高峰．发达资本主义经济中的垄断与竞争［M］．天津：南开大学出版社，1996：263-268．

工业品、殖民地输出初级产品为特征，一个以国际分工为基础、资本主义生产关系占主导的世界市场体系形成了。

19 世纪 70 年代末到 20 世纪初是世界体系的形成期，其内容是私人垄断资本主义兴起和世界金融体系的形成。19 世纪 70 年代末，垄断组织的产生标志着资本主义生产关系发生了部分质变，金融资本确立了在资本主义经济中的统治地位；到 20 世纪初，垄断组织成为发达资本主义国家全部经济生活的基础。帝国主义国家开始大规模资本输出，极大地推动了资本的国际流动，并在世界经济运行中占有越来越重要的地位，而最富有的工业国凭借其掌握的巨大金融力量成为霸权国家，同期的发达工业国为这一地位展开全球战略斗争。这一阶段的结果是以国际金本位制占主导地位的世界金融体系得以建立，帝国主义殖民体系形成，[①] 这标志着垄断资本主义世界体系的最终形成。[②]

20 世纪初到 20 世纪 70 年代是世界体系的发展期，其内容是国家垄断资本主义兴起，世界市场体系和世界金融体系向纵深发展。垄断资本主义的发展使资本主义社会矛盾异常尖锐，导致两次世界大战的爆发。二战结束后，垄断资本主义世界体系因冷战而缩小了范围，加之帝国主义殖民体系因民族解放运动而瓦解，所以只能以新的形式继续存在和发展。从资本主义世界角度看，西方国家普遍开始干预经济并进行自我改良，资本主义由个人垄断发展到国家垄断；美国取代英国成为霸权国家，通过国际机构协调和监督世界经济运行，在贸易、金融、保险和投资等领域制定了若干规则，国际贸易和国际金融相结合并走向成熟。这一阶段的结果是世界市场体系和世界金融体系进一步发展，但旧的国际经济关系并未根本改变，大多数发展中国家仍然处于受剥削、受掠夺和受奴役的状态。

---

① 赵景峰. 世界经济体系：演进与发展趋势 [M]. 北京：中国社会科学出版社，2016：13 - 15.

② 与之对比，沃勒斯坦认为现代世界体系始于"延长的 16 世纪"（1450～1640 年），欧洲的地理扩张加速了资本积累，世界贸易和世界市场的创立使资本主义开始成为居于支配地位的社会经济组织方式，并采取了世界经济体的形式。详见张建新. 激进国际政治经济学 [M]. 上海：上海人民出版社，2011：238.

20 世纪 70 年代以后，世界体系进入深化期，其内容是国际金融垄断资本主义兴起和世界生产体系的出现。资本主义于 20 世纪 70 年代开始进入国际金融垄断资本主义时期，半个世纪以来，国际金融资本逐步实现了对世界体系的主导，这种主导地位以两个制度设计为基础：在实体经济方面，通过科技创新和产业转移主导全球产业结构的重新安排；在虚拟经济方面，通过解脱了实物束缚的符号化美元建立国际信用货币体系和国际金融体系，从而建立起国际金融资本主导的全球大循环。① 在这一阶段，尽管借贷资本输出规模仍然快速增长，特别是巨型跨国金融公司的对外扩张达到前所未有的程度，但生产资本的全球扩张更加重要，国际分工体系向更深层次、更高水平推进，建立统一的世界分工体系以及对世界资源实现全面重新配置的要求通过跨国公司、跨国金融、跨国经济而形成，通过高技术和高效率的竞争而出现，以价值链分工和全球生产网络为载体的世界生产体系已现雏形。总之，世界正在从生产层面走向深度一体化，这是今后几十年的一个基本历史主题。

二、结构和运行机制

沃勒斯坦认为，资本主义世界体系一旦建立起来便围绕着两个二分法运行，形成了二重结构：一是无产阶级和资产阶级，二是经济专业化的空间等级，即核心地区、边缘地区和半边缘地区；其中"不等价交换"和"资本积累"是这个体系运行的动力，资本积累过程的不等价交换不仅存在于无产阶级和资产阶级之间，而且也存在于中心地区和边缘地区、半边缘地区之间。② 沃勒斯坦的结构分析具有合理性，但是列宁世界体系理论更强调从经济形态的角度，也就是从垄断资本攫取垄断利润的角度进行分析。

---

① 张春敏. 国际金融危机是国际金融资本主导的世界经济体系危机 [J]. 河北经贸大学学报，2010（3）：18－25.

② 王正毅. 世界体系论与中国 [M]. 北京：商务印书馆，2000：116.

垄断资本主义世界体系形成后确实围绕着两个二分法运行，形成了二重结构：其一是异质性的生产关系体系，即垄断资本主义经济与非垄断资本主义经济成分和社会成分，后者指的是垄断企业的雇佣工人、自由竞争资本主义经济、个体小生产者和一般居民；其二是等级化的国家间关系体系，即发达国家和发展中国家（后者又包括新兴经济体和其他发展中国家）。垄断资本攫取垄断利润是整个体系运行的根本动力和内在逻辑，垄断利润的攫取不仅存在于垄断资本主义与非垄断资本主义经济成分和社会成分之间，而且存在于发达资本主义国家与新兴经济体和其他发展中国家之间。

从第一重结构来看，从其他经济成分攫取垄断利润是垄断资本生存和发展之必需。垄断资本攫取垄断利润不是基于贪婪或所谓的"人性"，而是由垄断资本积累和扩大再生产的现实条件决定的，因而具有经济必然性。垄断利润的来源包括两个方面：一个是垄断企业内部雇佣劳动者创造的剩余价值（包括超额剩余价值）和部分劳动力价值，另一个是存在于垄断企业外部但被转移到垄断企业中的价值和剩余价值。[①] 但是，来自企业内部的垄断利润不能满足垄断资本庞大的支出需要，因为无论是扩大生产规模、补偿精神磨损、进行科技创新等经济活动，还是进行政治游说、收买政府官员、打击竞争对手等非经济活动，都需要巨额利润予以支撑；然而，垄断部门的资本有机构成往往很高而且有继续提高的趋势，加之垄断企业（或寡头企业）在该部门中占统治地位，其产品的个别价值（或寡头企业产品个别价值的加权平均值）决定社会价值，导致垄断部门的利润率加速下降。为解决支出庞大和利润率降低的矛盾，垄断资本除了攫取雇佣工人创造的剩余价值和部分劳动力价值以外，还要通过广泛的经济联系（如商品生产和交换、金融市场交易、税收和政府支出等）将垄断企业外部的价值和剩余价值夺取过来。[②] 更重要的是，垄断企业或垄断部门的资

---

① 高峰. 发达资本主义经济中的垄断与竞争 [M]. 天津：南开大学出版社，1996：275 - 277.

② 陈其人. 帝国主义理论研究 [M]. 上海：上海人民出版社，1984：29 - 37.

本有机构成越高，就越需要攫取企业外部或其他部门的价值和剩余价值。这种攫取不仅加剧了垄断资本对本企业雇佣工人的剥削，而且对全社会的价值和剩余价值进行了有利于少数垄断资本家的占有和分配，扩大和深化了资本主义的剥削关系。

从第二重结构来看，垄断资本统治下的核心国家之所以对外扩张、创建等级化的国家间关系体系，其根本动力也是为了攫取垄断利润。当代的边缘国家和半边缘国家可分为两种状态：第一种是经济被控制、被渗透的国家，这类国家形式上拥有主权，但经济被核心国家所控制；第二种是由不合理的国际分工和经济秩序所束缚的国家，这类国家在国际分工中位于产业链中低端。核心国家拥有五大垄断力量，包括技术垄断、金融市场垄断、自然资源开发权垄断、媒体和通信垄断、大规模杀伤性武器垄断，①这保证了核心国家攫取垄断利润的可能性。核心国家攫取垄断利润的主要经济渠道包括商品交换、货币关系和资本输出。在商品交换方面，核心国家通过高科技产品和中低端产品交换、以少量劳动换取大量劳动等方式攫取垄断利润；在货币关系方面，核心国家通过变动汇率和货币政策、运用货币霸权、建立依附性的货币制度等方式攫取垄断利润；在资本输出方面，核心国家通过输出借贷资本和生产资本攫取垄断利润，其中借贷资本输出是为了获取高额利息，生产资本输出是通过全球资源重新配置获取高额垄断利润。

三、矛盾和危机趋势

根据马克思的分析，资本主义社会的基本矛盾是无产阶级和资产阶级的矛盾。随着全球化的发展和经济范畴的具体化，资本主义社会的基本矛盾从民族国家上升到国际生产关系，再上升到世界体系，呈现越来越复杂

---

① 萨米尔·阿明. 全球化时代的资本主义［M］.丁开杰，等译. 北京：中国人民大学出版社，2005：3－5.

的趋势。① 因此，世界体系是多重矛盾相互作用的体系。

从国内层面看，垄断资本主义世界体系存在两种性质的基本矛盾：第一种是垄断资本与其他经济成分和社会成分之间的矛盾，其中最为尖锐的是垄断资本与无产阶级之间的矛盾，这是垄断资本主义生存的一般基础；第二种是垄断资本集团之间的矛盾。② 随着垄断资本积累的深化，垄断资本集团利用新的技术和新的垄断组织形式重塑生产过程和流通过程，不仅通过新的管理方式提高劳动生产率，加重对无产阶级的掠夺，而且通过对金融部门和关键生产要素的控制，使传统职能资本家和小生产者依附于垄断资本，加重对一般资本家生产的剩余价值和个体生产者生产的价值的掠夺。垄断资本集团之间为了争夺国内垄断利润份额展开了激烈竞争，其斗争焦点不仅在于争夺对无产阶级的统治权和对关键生产要素的控制权，从而争夺资本主义经济体系的引领者、支配者和操控者的基础性地位，而且在于争夺国家财政政策和货币政策的制定权，毕竟财政资金如何筹集、如何使用以及通货膨胀的高低关乎不同垄断资本集团垄断利润的大小。此外，垄断资本还通过兼并重组进一步集中，其直接目的是增加市场占有率，从而强化垄断利润预期，使资本市场金融估值最大化，这就成为巨额过剩资本追逐的对象，推高虚拟资产价格，催生金融泡沫，而金融泡沫破灭带来的也是社会财富的再分配。随着矛盾不断累加、发酵和激化，垄断资本主义国家衍生出更严重的生产相对过剩、经济停滞、贫富两极分化、金融投机等潜在危机，使垄断资本积累不可持续。③ 垄断资本集团对垄断利润的攫取和竞争，使无产阶级创造的剩余价值和部分劳动力价值、一般资本家的剩余价值、小生产者的价值及一般居民的部分收入被垄断资本家占有，导致中产阶级快速萎缩、财富分配更加恶化、资本主义生产与消费更加不平衡。

---

① 陈人江. 世界体系的基本矛盾与苏联解体 [J]. 世界社会主义研究，2021，6 (11)：51 - 63.

② 陈其人. 帝国主义经济与政治概论 [M]. 上海：复旦大学出版社，2013：221 - 222.

③ 徐景一. 马克思资本积累理论视角下的西方数字资本主义批判 [J]. 马克思主义研究，2022 (11)：133 - 142.

从国际层面看，世界体系的基本矛盾包括三对：核心国家和（半）边缘国家的矛盾（"南北矛盾"）、核心国家之间的矛盾（"北北矛盾"）、资本主义和社会主义两种制度的矛盾（"东西矛盾"）。在列宁世界体系理论中，垄断资本主义的实质决定了资本主义国家在世界体系中的作用和影响。资本主义国家的对外政策首先就是垄断资本的政策，垄断资本极力使这些政策为其国内利益（从国内市场攫取垄断利润）和国际利益（从国际市场攫取垄断利润）服务。① 因此，资本主义国家是掌握政权的垄断资本家阶级利益的代言人，垄断资本主义国家的内政和外交政策只能是服务于掌握政权的一部分垄断资本集团的。在此前提下，上述国际矛盾的本质是各国垄断资本集团依靠国家力量向外攫取垄断利润时所产生的矛盾。当然，在不同的历史发展阶段，在世界体系诸多基本矛盾中起支配作用并且决定着历史发展方向的主要矛盾是不同的。② 例如在 19 世纪末 20 世纪初，世界体系的主要矛盾是各帝国主义国家为瓜分和重新瓜分殖民地而产生的矛盾，这加剧了宗主国和殖民地的矛盾；在冷战期间，世界分裂成两大阵营，社会主义与资本主义两种制度的矛盾成为主要矛盾；冷战结束后，核心国家及其垄断资本主导了经济全球化进程，发达国家和发展中国家的矛盾成为主要矛盾。值得注意的是，"北北矛盾"一直非常尖锐，因为如果某个垄断资本主义国家在地缘政治斗争中落败，其背后的国内垄断资本集团将丧失国际市场，其国内市场也将被国外垄断资本所控制、渗透和占领。例如 20 世纪八九十年代，美国对日本发起"301 条款"调查的原因之一就是日本半导体产业等先进制造业发展迅速，严重挤压了美国企业的世界市场份额，③ 美国的经济制裁和打压对于日本先进制造业的影响是致

---

① 苏联科学院世界经济和国际关系研究所 . 美国对外政策的动力 [M]. 北京：世界知识出版社，1966：23.

② 陈人江 . 世界体系的基本矛盾与苏联解体 [J]. 世界社会主义研究，2021（11）：51 - 63.

③ 例如，1975 年美国动态随机存储器（DRAM）占世界市场的份额超过 95%，日本则刚刚起步，到 20 世纪 80 年代前期日本的份额超过美国，到 20 世纪 80 年代中期份额已占 75% 以上，而美国的份额不足 20%。参见西村吉雄 . 日本电子产业兴衰录 [M]. 侯秀娟，译 . 北京：人民邮电出版社，2016：81.

命的，不仅结束了日本半导体产业往日的辉煌，而且成为 20 世纪 90 年代日本经济长期萧条的重要原因。① 由此可知，"北北矛盾"关系到本国垄断资本能否生存的问题，其他矛盾往往只是垄断利润多少的问题。

第三节　列宁世界体系理论对数字时代 大国竞争的启示

当前，全球正处于新一轮科技革命和产业变革迅速发展的历史时期，这一时期的特点是生产力和生产关系、经济基础和上层建筑的矛盾日趋激化，各国之间和各国之内的利益版图出现前所未有的碰撞和重组。作为新一轮科技革命和产业变革的重要方向和关键领域，数字技术及其产业应用加快了关键生产要素的变迁以及生产方式的变革，深刻推动了世界体系的转型，但同时也使大国竞争展现出新的形式和内容。

一、以互联网平台为代表的数字垄断资本成为调节和控制整个市场经济的新型垄断组织

数字经济的组织者是数字垄断资本，即在数字经济发展中处于垄断地位的资本集团。数字经济的每一个细分产业几乎都被垄断资本所掌控，例如电子信息制造业的高科技垄断资本、互联网服务业的平台垄断资本等。在数字垄断资本驱动下，数字经济呈现出从"去中心化"到"再中心化"的发展趋势，数字垄断资本也逐渐实现了对社会经济的全面支配和深度控制。

从技术视角看，互联网的发展经历了"作为通信工具的互联网""作为交流媒介的互联网"和"作为生产生活方式的互联网"三个阶段，每

---

① 裴桂芬，李珊珊. 美国"301 条款"在日本的运用、影响及启示 [J]. 日本学刊，2018 (4)：85 – 106.

一个阶段都存在着"去中心化"与"再中心化"两种趋势的斗争。①

早期的互联网是科学家和工程师的通信网络,它秉承了去中心化或反中心化的设计理念,试图冲破传统组织(如政府、公司和学校)对社会权力的垄断,进而塑造一种独立于传统社会的"赛博空间"。然而,1990 年以来的互联网商业化进程推动了互联网的中心化趋势,伴随着万维网的发明,各种门户网站和搜索引擎相继出现,互联网信息传播方式趋向于中心化;各国也普遍认识到关键互联网资源的重要性,纷纷争夺 IP 地址、域名系统、根区和根服务器的控制权,其斗争结果是形成了中心化的管理体制,如互联网名称与数字地址分配机构(The Internet Corporation for Assigned Names and Numbers,ICANN)。

开启互联网第二个发展阶段的是社交网络的兴起,博客、微博和视频分享网站的发展使网民从被动的信息接受者变为主动的内容生产者,社交网络改变了之前门户网站集中发布信息的传播模式,转而进入互相发布信息的传播模式,网络中的任何点之间都能直接对话,这是又一轮的去中心化。但是,金融资本由于看到社交网络的巨大商机而不断涌入,一些超级互联网平台从众多新兴互联网公司中脱颖而出,特别是随着智能手机和各种应用程序(Application,App)的普及,超级互联网平台奠定了其统治地位,去中心化再次走向了它的反面——再中心化。

2016 年后,随着移动通信技术的普及,互联网进入了"万物互联"阶段。计算技术、通信技术和信息处理技术三股强大的技术力量结合在一起,使人类对海量数据进行搜集、处理和应用成为可能,物联网、云计算、区块链、人工智能和 5G 等新一代信息技术开始深度改造人类社会的生产和生活方式。目前,产业界和学术界热衷于谈论互联网的去中心化趋势,特别是区块链的出现使互联网去中心化成为貌似可期的前景,甚至有观点认为,去中心化已经成为当代资本主义的新特征。然而,在经历了短暂的"繁荣且无序"后,互联网发展成等级森严的"新封建"和"新殖

---

① 刘晗. 平台权力的发生学——网络社会的再中心化机制[J]. 文化纵横,2021(1):31 – 39.

民"时代：超级互联网平台不但巩固了在各自"领地"的统治权，而且朝着传统产业领域不断渗透和获取权力，即使广受赞誉的区块链也出现再中心化的发展趋势。①

去中心化与再中心化两种趋势反复斗争的历史表明，决定互联网发展的不单纯是技术逻辑，更重要的是政治和经济逻辑，任何致力于去中心化的技术发明都有可能成为实现再中心化的工具。本轮互联网的再中心化进程尚未结束，但其底层逻辑已经逐渐清晰：互联网平台在以"去中介化"的方式向传统产业领域渗透、打造数字产业生态的同时，其商业格局进一步中心化，少数超级互联网平台演变成新型的垄断组织。从已有进展来看，互联网平台经历了从商业、服务业向工业不断渗透的过程，在数字经济发展早期，商业平台化现象较为突出，例如阿里巴巴、京东等电子商务平台架起了连接中小企业和消费者的桥梁；随后服务业也开启了平台化转型，网约车、外卖订餐、网络直播、在线教育、在线医疗等新业态快速发展；今后，制造业的平台化趋势也将加快发展，例如工业互联网、能源互联网等。

数字垄断资本往往规模巨大，其掌握的资产已经超过传统跨国公司。虽然互联网平台企业成立的时间晚于传统跨国公司，但是由于存在网络效应，互联网平台企业在积累了一定用户之后，会呈现井喷式发展，其规模因之迅速扩大。近年来，全球上市跨国公司市值 100 强榜单上出现了越来越多的互联网平台企业，如表 2 - 1 所示，2020 年全球前十大互联网平台公司的平均市值（6097 亿美元）远超传统的能源、工业和金融等巨头（4420 亿美元）；更重要的是，平台垄断资本增长速度极快，如苹果公司自 1982 年上市至今市值增长超过 1000 倍，近 10 年市值增长超过 20 倍。

---

① 石易，莫凡. 区块链技术的去中心化理想和再中心化现实 [J]. 广东通信技术，2019，39 (3)：45 - 48；王延川."除魅"区块链：去中心化、新中心化与再中心化 [J]. 西安交通大学学报（社会科学版），2020，40 (3)：38 - 45.

表 2 – 1　　全球前十大互联网平台公司与前十大传统跨国公司的市值比较

互联网平台公司			传统跨国公司		
名称	总部所在地	市值（亿美元）	名称	总部所在地	市值（亿美元）
微软	美国	12000	沙特阿美	沙特	16020
苹果	美国	11130	伯克希尔	美国	4430
亚马逊	美国	9710	强生	美国	3460
谷歌	美国	7990	沃尔玛	美国	3220
阿里巴巴	中国	5220	维萨	美国	3160
脸书	美国	4750	雀巢	瑞士	3060
腾讯	中国	4690	罗氏	瑞士	2800
英特尔	美国	2310	摩根大通	美国	2770
奈飞	美国	1650	宝洁	美国	2720
甲骨文	美国	1520	中国工商银行	中国	2560

注：该榜单根据全球上市公司 2020 年 3 月 31 日的股票市值进行计算，其中沙特阿美为 2019 年 12 月新上市公司，谷歌计算的是其母公司 Alphabet 的市值。

资料来源："2020 全球上市公司 100 强"，https：//m. thepaper. cn/baijiahao_8033405，2020 – 6 – 29.

数字垄断资本的影响力不仅体现在规模上，更体现在对经济社会的渗透力和控制力上。[1] 以数字平台为例，互联网平台企业通过资源共享实现价值共创，进而构建了由其主导的"平台生态圈"；其中，互联网平台企业是系统的搭建者、规则的制定者、接口的设计者、核心问题的解决者、核心产品和服务的提供者，[2] 因而是生态系统的顶级捕食者。一方面，消费者只能在各大平台内部、使用与自己绑定的平台专用账户进行线上消费，平台垄断资本借此持续争夺公民数字账户体系中更多的市场份额；另一方面，平台垄断资本不断开辟新的商业场景，逐步将用户的经济活动锁

---

[1]　刘晗. 平台权力的发生学——网络社会的再中心化机制 [J]. 文化纵横，2021（1）：31 – 39.

[2]　赵昌文，等. 平台经济的发展与规制研究 [M]. 北京：中国发展出版社，2019：10 – 11.

定在自己的"疆域"内，为自己提供新的数据，① 其他企业如果不能转化为平台，就要被平台整合。

总之，数字垄断资本正在逐步掌控经济生活中的商品流、货币流和数据流，形成对商品产销体系、信用支付体系和数据流通体系的高度垄断。不仅如此，它们还控制和利用着全社会的数据、信息、服务、行踪、隐私、知识和财富，甚至个人的情绪、判断、选择和行动，从而成为世界体系的主导者。

二、数字垄断资本的根本动机是攫取垄断利润

数字经济中的垄断利润根源于数字垄断资本的垄断势力。近年来，伴随着新一轮科技革命和产业变革的推进，很多学者在解释数字平台企业的超额利润时认为这是数字技术优势及其所带来的生产效率高的结果。不可否认，数字垄断企业确实具有技术上的优势，但是使数字技术优势所带来的超额利润转化为垄断利润的根本原因仍在于垄断势力。数字技术的高投入特征和数字经济的"赢家通吃"特征使数字经济几乎不存在自由竞争的可能，占主导地位的企业在其核心市场的领导地位很少会被取代，从而形成稳定的市场垄断局面。在这样的市场结构下，先进的数字技术不易普遍化；即使普遍化，数字垄断企业仍然可以通过网络效应控制部门大部分业务或流量。如此一来，数字垄断企业由于数字技术优势所获得超额利润就长期稳定地留在企业内部，转化为垄断利润。因此，从性质上看，由数字技术优势带来的超额利润归根结底仍然是因数字垄断地位产生的特殊超额利润，即垄断利润。

从来源看，数字垄断资本的资本有机构成越高，就越需要来自企业外部的垄断利润。马克思分析过两种垄断利润：一种是由于生产者占有极为稀缺的自然条件，产量受到自然条件限制不能增加，于是出现垄断价格，

---

① 刘典. 数字人民币：数字经济的生态重构与全球竞争 [J]. 文化纵横，2021（1）：40 – 48.

垄断利润是垄断价格的结果并转化为垄断地租；另一种是生产者要获取垄断利润才能进行再生产，然后由它构成垄断价格，绝对地租就是由这种垄断利润转化而来。陈其人以畜牧业和谷物业为例进行了研究，他认为，当资本有机构成较低时（谷物业的情况），绝对地租是产品剩余价值的一部分；当资本有机构成较高时（畜牧业的情况），绝对地租是产品剩余价值以外的价值。① 李翀进一步研究认为，当农业部门的资本有机构成低于非农业部门时，绝对地租主要来源于农业生产中的剩余价值；随着农业部门资本有机构成不断提高，绝对地租从非农业部门转移过来的剩余价值逐渐增加；当农业资本有机构成高于非农业部门时，绝对地租完全来源于非农业部门的剩余价值转移。② 从数字经济角度看，杨天宇以劳动价值论为基础，构建了平台经济中的垄断利润分析模型，研究结果显示，平台企业能够通过高劳动生产率和部门间价值转移获取数字经济垄断利润；其中，部门间价值转移是平台企业垄断利润的主要来源。③

从获取手段看，数字垄断资本主要靠流量垄断和金融投机获取垄断利润。以电商平台为例，电商平台主要的收入来源包括平台服务费（即"佣金"）和在线营销收入，这是具有数字垄断资本主义特点的收入形式，也是电商平台主要的收入来源。平台服务费是电商平台对商家交易的流水抽成，这与非平台经济中的垄断定价非常类似，因为电商平台可以通过垄断地位抬高平台服务费；在线营销收入是平台向商家出售流量数据，这是具有数字垄断资本主义特点的收入形式，也是电商平台主要的收入来源。所谓"流量"就是用户点击量，电商平台上的商家只有获得足够多的流量才能将商品卖出去，实现商品"惊险的一跃"，因此流量成为商家的主要竞争手段。但是流量掌握在电商平台手中，商家为了获得更多的流量必须通过"竞价"的方式购买电商平台垄断的流量数据。于是，电商平台上的商

---

① 陈其人. 帝国主义理论研究 [M]. 上海：上海人民出版社，1984：30－31.
② 李翀. 新的历史条件下马克思绝对地租理论研究 [J]. 政治经济学季刊，2019（3）：49－66.
③ 杨天宇. 平台经济垄断利润的来源与反垄断监管 [J]. 马克思主义研究，2022（6）：96－104.

家越多，对流量的竞争就越激烈，商家的出价也会越高，电商平台出售流量所获得的收入也就越多。① 从金融市场来看，数字垄断资本还通过金融化获取垄断利润。数字垄断资本往往和金融资本（如风险资本）相结合，呈现"为估值而积累"的特征。由于数字技术的先进性、超大规模用户优势和市场垄断等特点，数字垄断资本最容易激发投资者的"金融想象"，促使投资者对数字垄断资本（如平台企业）的市值产生乐观预期。数字企业的垄断势力越大，金融市场对其未来上市后的市值预期就越强。风险资本为了实现金融收入最大化，往往努力拉升数字经济企业上市后的市值，"实际投资与估值之间形成的套利空间吸引了更多风险资本，持续为平台扩张提供资金"，② 这使数字平台成为数字垄断资本投机活动的载体和金融资本投机的新场所。

三、各国围绕数字垄断权与数字发展权展开全球竞争

数字技术以其更迭周期短、扩散效率高、影响范围广等特征正在改变国际权力格局。数字技术具有等级性，包括核心技术与一般技术两类，前者往往由发达国家掌握，新兴经济体和其他发展中国家往往仅掌握一般技术，对不同等级数字技术的掌握也导致了全球数字经济发展中的"核心—半边缘—边缘"结构；③ 其中，发达国家利用数字垄断地位实现数字支配，形成数字帝国控制。④ 发达国家想要最大限度地攫取全球数字经济发展中的垄断利润，就必须维护和拓展其在全球数字经济领域的垄断势力；新兴经济体和发展中国家想要发展本国的数字经济，就必须打破核心国家在全球数字经济领域中的垄断势力。于是，发达国家和发展中国家围绕数

① 杨天宇. 平台经济垄断利润的来源与反垄断监管 [J]. 马克思主义研究，2022（6）：96－104.

② 齐昊，李钟瑾. 平台经济金融化的政治经济学分析 [J]. 经济学家，2021（10）：14－22.

③ 周念利，吴希贤. 中美数字技术权力竞争：理论逻辑与典型事实 [J]. 当代亚太，2021（6）：78－101.

④ 迈克尔·奎特，顾海燕. 数字殖民主义：美帝国与全球南方的新帝国主义 [J]. 国外理论动态，2022（3）：112－122.

字垄断权和发展权产生了全球战略竞争。

在发达国家，欧美及日本都有雄厚的数字技术积累，它们之间矛盾的焦点是数字垄断权的斗争。在商业应用和全球扩张方面，美国集中了全球最主要的数字垄断企业和数字基础设施，例如苹果、谷歌、微软、亚马逊和脸书是目前全球最大的五家数字垄断企业，亚马逊网络服务（AWS）、微软 Azure 和谷歌云垄断了全球云计算基础设施服务近 70% 的市场份额；美国数字垄断企业还不断对外进行数字资本输出，包括兴建海外公司、数据中心、研发基地等，同时大量投资或收购具有发展潜力的初创企业。[①]以欧洲为代表的其他发达国家谨防美国数字垄断资本对本国数字主权的渗透和控制。一方面，欧洲依托在化学、材料和半导体设备等方面的优势，斥巨资推动本土数字产业的发展。例如 2019 年，德法联手启动云计算生态系统 Gaia-X 项目，意图在本地服务器上建立存储和处理数据的通用标准以摆脱对美国云服务商的依赖；再如 2022 年，欧盟出台《欧洲芯片法案》，试图凭借在化学和材料技术方面的雄厚积累，将欧洲打造成重要的高端芯片供应商。另一方面，欧洲连续出台反垄断措施，强化对美国互联网平台企业的监管措施。2020 年 12 月，欧盟出台《数字服务法案》和《数字市场法案》，旨在规范谷歌、苹果、脸书和亚马逊等数字平台公司的行为，同时提出了严厉的处罚措施（罚金最高可达年营业额的 10%）。

在发达国家与发展中国家之间，矛盾的焦点是数字垄断权和数字发展权的斗争。近些年来，新兴经济体也发展了本国的数字经济企业，比较著名的有中国的阿里巴巴公司、俄罗斯的 Yandex 公司、东南亚的 Sea 公司等。发达国家特别是美国试图建立国际数字垄断资本同盟，对发展中国家进行数字遏制。这种遏制主要体现在科技创新能力和国际规则体系两方面，在数字技术创新能力差距日益缩小的情况下，发达国家试图通过争夺国际数字经济规则制定权实现垄断，例如美国试图主导制定 5G、人工智能、半导体、量子技术、太空科技、数字基础设施等数字技术领域的发展

---

① 刘皓琰，柯东丽，胡瑞琨. 数字帝国主义的形成历程、基本特征与趋势展望 [J]. 政治经济学评论，2023（1）：163 – 179.

与应用规则。① 通过国际规则的非中性特征和锁定效应，发达国家不仅可以支持本国数字垄断资本的扩张，而且可以设置市场准入门槛，遏制来自发展中国家的竞争对手，例如美国一直试图制定国际数字技术标准，一方面可以支持本国科技巨头的技术路径，实现本国数字产品和服务的推广和延伸，另一方面力求压缩发展中国家的科技公司的发展空间，将其数字产品和服务排斥在全球数字市场之外。从这个意义上讲，新兴经济体和发展中国家一方面要积极融入数字全球化大潮，另一方面又要突破数字帝国主义的遏制。因此，反对数字帝国主义与保卫平等的数字发展权是一对不可分割的概念，对于发展中国家而言，不反对数字帝国主义就不能求得数字经济的发展，只有反对数字帝国主义才能捍卫自身融入全球网络空间的平等发展权。

第四节　结　　语

列宁的世界体系理论是运用马克思主义框架分析全球资本主义经济体系的新范式，能更为科学地揭示世界体系的本质。列宁所指明的帝国主义时代并没有终结，当今的世界体系在本质上仍然是"垄断资本主义的世界体系"。目前，由美国主导的世界体系已经进入衰落阶段，旧的霸权、旧的秩序日渐式微，全球治理失序和地缘政治混乱逐渐呈现。与此同时，数字经济勃然兴起，特别是新冠疫情暴发之后，数字技术的主导地位进一步明确，对算力、算法和数据等数字资源的掌控、开发和利用能力成为新的比较优势和竞争优势，各国对数字资源的竞争加速了世界体系的转型。

我国是社会主义国家，又是新兴经济体，同时还被美国视为最主要的战略竞争对手，因此处在世界体系基本矛盾的交织点上。我国如何处理与美国主导下的垄断资本主义世界体系的关系是当前的重大课题。首先需要

---

① 唐新华．西方"技术联盟"：构建新科技霸权的战略路径［J］．现代国际关系，2021（1）：38－46．

明确的是，垄断资本主义世界体系本身处在变化当中。20世纪初，苏联诞生于垄断资本主义世界体系基本矛盾交互作用的时代节点上，这一事件标志着垄断资本主义世界体系发生了重大裂变。此后，垄断资本主义世界体系内部的反抗力量在不断增长并开始向新的世界体系（即共产主义）过渡，20世纪90年代苏联解体反映了这一过渡历程的曲折性和艰难性。[①]其次，尽管西方垄断资本一直试图把我国纳入其主导的世界体系并边缘化，但是我国始终坚持独立自主原则，拒绝全面融入垄断资本主义世界体系。[②]改革开放后，我国经济的高速发展得益于开放的世界市场和外部科技资源，当我国与现有世界体系产生冲突时，势必面临体系性的遏制和打压，目前这种情况在数字经济领域尤为突出。最后，我国不能仅停留于旧的垄断资本主义世界体系中的大国战略博弈阶段，而要走上开辟新世界体系的道路。我国拥有显著的制度优势，中国特色社会主义制度始终坚持党的集中统一领导和"以人民为中心"，有着完备的政治经济体制和集中力量办大事的能力，不仅没有采取垄断资本主义国家对内压榨和对外掠夺的发展道路，还能够将数字技术应用于满足人民日益增长的美好生活需要中。[③]中国的数字经济发展道路将为世界体系中的其他国家提供新的选择和新的希望，推动全球政治经济格局向更加公平、民主和正义的方向前进。

---

① 陈人江. 世界体系的基本矛盾与苏联解体 [J]. 世界社会主义研究，2021，6（11）：51－63.

② 姚中秋. 世界体系的裂变与中国共产党的成立 [J]. 开放时代，2021（4）：72－84.

③ 刘皓炎. 数字帝国主义 [M]. 北京：中国青年出版社，2023：264－265.

第二篇 规则博弈

第三章　全球数字经济规则博弈的总体情况：进展、困境与趋势

全球数字经济治理体系正处于构建的窗口期，规则博弈日趋复杂。全球数字经济规则博弈的复杂性主要体现在议题复杂性和主体复杂性两个方面。其中，议题复杂性源于数字技术的颠覆性，折射出数字技术对大众生活的穿透力、对社会分工的冲击力和对政治生态的塑造力；主体复杂性源于数字经济发展的不平衡性，折射出各国在数字经济发展水平、国内利益格局、法律制度、历史文化传统和治理能力方面的巨大差异。

第一节　全球数字经济规则博弈的已有进展

数字经济在带来生产力巨大提升的同时，也带来了社会结构分化和国际经济秩序变迁，因而对全球治理提出了更高层次的要求。目前，全球数字经济治理仍然处于新规则和新秩序的构建期，在很多重大议题上尚未形成全球性规制体系。

一、主要机制

目前，全球数字经济规则博弈依靠多边、区域和双边等多种机制展开，它们以各自的方式推动数字治理领域的全球博弈。从多边机制看，全

球性多边治理机制通过新增议程的方式参与全球数字经济治理，例如世界贸易组织启动单独的电子商务谈判进程，国际货币基金组织（IMF）已经着手研究数字货币及其跨境支付问题，世界银行开始关注信息基础设施建设的投融资问题。不同多边机制的参与主体大致相同，但关注的领域不同，因此多边机制之间存在着机制平行的关系。

从区域和双边机制来看，随着全面与进步的跨太平洋伙伴关系协定（CPTPP）、美日贸易协定、日欧自贸协定、美墨加协定（USMCA）、区域全面经济伙伴关系协定（RCEP）的签署或生效，巨型自贸协定在全球数字经济治理领域的影响力日益显著。巨型自贸协定涉及的国家数字经济体量庞大，发展优势明显，树立了一系列全新的数字经济治理规则和标准。很多国家参与了多个巨型自贸协定，如日本同美国、欧盟和中国等主要经济体都进行了数字经济治理协调，不同巨型自贸协定的数字经济条款内容重叠较多，因此体现出显著的机制重叠特征。

二、主要领域和焦点议题

第一，信息基础设施治理规则博弈是全球数字经济规则博弈的前提。各国从数字经济中获益的先决条件是拥有足够的信息基础设施（包括电信基础设施和数字基础设施）。限于技术和资金，很多国家都依赖外国直接投资建设信息基础设施。其中，由于发展中国家在数字技术创新及应用方面明显落后于发达国家，所以对信息基础设施的外国投资需求最为迫切。为了更好地吸引外国企业投资本国信息基础设施建设，各国政府需要改善投资环境。但是，由于信息基础设施事关国家安全，因此各国政府必然对其加强监管。

第二，数据治理规则博弈是全球数字经济规则博弈的核心内容。数据的价值在于流动和共享，全球数据治理的意义就在于推动数据跨越国界的开放、交换和交易，以便尽可能地挖掘和释放数据价值。从内容上看，数据治理包括数据权属和数据安全两个方面：数据权属即"数据主权"问题，其本质是"数据归谁所有""谁在使用数据"和"数据收益如何分配"；在数据安全方面，各国都非常重视对数据特别是个人数据的保护，但是，出于打击恐怖主义和维护社会治安等方面的考虑，各国又必须对个人数据进行干涉，数据保护和数据干涉的矛盾形成全球数据安全博弈的内在张力。

第三，数字贸易规则博弈是全球数字经济规则博弈的基础内容。数字贸易是全球数字经济的基础领域，也是目前发展相对较快的领域。数字贸易具有贸易方式的数字化升级和贸易内容的数字化拓展两大特点，前者指信息通信技术在贸易各环节的广泛应用催生了新的模式和业态，例如推动了跨境电子商务的发展；后者指信息通信技术的发展使一些产品和服务开始以数据的形式存储、传输和交易，可贸易程度大幅提升。作为一种新的贸易形态，数字贸易发展所需要的制度、规则和政策与传统全球价值链贸易存在诸多不同，针对数字贸易方式和内容的治理就成为全球数字经济规则博弈的基础内容。

第四，知识产权治理规则博弈是全球数字经济规则博弈的必要组成部分。数字经济与知识产权存在天然联系，知识产权对于数字经济（特别是线上交易）的重要性已经明显超出了其在线下交易中的作用，在很多领域数字技术甚至重新定义了知识产权。例如数字技术的进步不仅使内容分享变得方便和廉价，而且大大提高了个人创造数字内容的能力，由此催生了抖音、YouTube、Facebook 等依赖"用户生成内容"以吸引第三方广告投入的在线商业模式。① 各国有必要重新审视用户与互联网平台之间的权利义务关系，这将带来全球知识产权治理体系的升级。

第五，数字产业生态治理是全球数字经济规则博弈的延伸。互联网平台企业跨境运营在降低国际交易成本、提高全球资源配置效率的同时也带来了国际市场上的权力重构，数字经济在许多细分领域形成了垄断结构，如何对互联网平台企业进行规制关系到数字经济的长远发展。随着产业数

---

① World Trade Organization（WTO）. World Trade Report 2018：The Future of World Trade-How Digital Technologies are Transforming Global Commerce［R］. Geneva：World Trade Organization：144 – 145、182.

字化进程的不断推进，传统产业将迎来数字化改造，如何实现基础设施、互联网平台企业、供应链、跨境清结算体系、物流等产业种群的协同演化，是数字产业生态治理需要解决的问题。

全球数字经济规则博弈在各领域的焦点议题如下。

第一，信息基础设施治理领域的议题可以归纳为国内电信监管框架和互联网服务提供两类，具体包括电信市场准入、电信市场竞争、用户权益保护、新业务监管、宽带网络建设、互联网接入和使用、频谱资源管理和互操作性管理等议题，博弈焦点集中在电信市场准入与互联网接入和使用两项议题中。电信市场准入解决的是外资电信企业进入的问题，各国监管机构普遍考虑通过市场机制促进电信业竞争，但对云计算和物联网等新业务的管控仍然较为严格；互联网接入和使用解决的是电信企业进入后，东道国主导运营商提供互联网服务的问题。综合来看，虽然近年来各国电信市场的竞争性普遍增强，但各国对主导运营商的监管都予以保留，这阻碍了外资电信企业的业务拓展。

第二，数据治理规则博弈涉及的议题较多，包括跨境数据流动、计算设施非本地化、个人隐私保护和数据安全等。跨境数据流动关注的是如何对输往国外的本国数据施加各种管制，包括数据分类、数据属性、数据容量和使用方向等；与之密切相关的议题是计算设施非本地化，该议题讨论的是数据是否应在本国存储，东道国能否将设立存储设施作为外资进入本国市场的前提条件。跨境数据流动也造成了一些潜在风险，包括个人隐私泄露和国家安全威胁等，因此，个人隐私保护和涉及国家安全的数据保护就成为全球数据治理的题中应有之义。

第三，数字贸易治理规则博弈在大多数贸易协定中被安排在"电子商务"章节，涵盖议题较多，但是单纯从"贸易"角度来看，数字贸易治理包括数字产品关税、数字产品非歧视待遇、电子签名和认证、无纸化贸易、非应邀电子信息、线上消费者权益保护等议题。其中，数字产品关税和数字产品非歧视待遇是焦点议题。目前 WTO 尚未就数字产品永久性免征关税作出决定，只是在每次部长会议上予以延期，不同的贸易协定对该议题也存在较大差异；数字产品非歧视待遇议题关注的是数字产品是否享有国民待遇和最惠国待遇。无论是数字产品关税还是数字产品待遇，都涉及"数字产品"本身的范围，由于各国对数字贸易品范围的接受程度存在差异，未来恐将在"数字产品"的界定上展开进一步的博弈。

第四，数字知识产权治理规则博弈包括禁止源代码强制性转让、数字内容版权保护、互联网平台责任、数字商标保护、互联网域名管理、政府使用软件等，前三项议题是争议的焦点。[①] 在源代码议题上，缔约方是否有权要求互联网企业修改甚至转让源代码以符合各国法律法规是该议题的争议所在；数字内容版权保护针对的是书籍、电影、音乐等文学艺术作品的数字化形态，不同贸易协定对数字内容版权的范围界定、保护和执法力度各不相同；互联网平台在线版权执法、打击网络盗版中负有怎样的责任、这种责任的强度如何、政府如何监督互联网平台责任的履行情况，是互联网平台责任议题的争议所在。

第五，数字产业生态治理规则博弈涉及范围极广，但限于数字技术的产业化程度，目前该领域的焦点仅集中在互联网平台监管方面。互联网领域的垄断会更加容易产生，目前的数字市场既高度集中又更迭迅速，导致反垄断政策在不同国家之间出现溢出效应。2019 年以来，全球主要国家都提高了对互联网平台企业的反垄断监管力度，在全球互联网平台监管方面，各国聚焦在针对中小企业的滥用行为和初创公司并购审查等子议题上。

三、主要博弈阵营

全球数字经济规则博弈日益形成三大阵营博弈的格局，即以美国为代表的自由主义阵营、以欧盟为代表的规制主义阵营和以新兴经济体为代表的发展主义阵营。各阵营的制度偏好如表 3 - 1 所示。

---

① 周念利，李玉昊. 数字知识产权规则"美式模板"的典型特征及对中国的挑战 [J]. 国际贸易，2020（5）：90 - 96.

表 3 - 1 全球数字经济治理中的不同阵营及制度偏好

制度偏好	数字自由主义	数字规制主义	数字发展主义
总体偏好	数字经济效率	公众数据权利	数字安全 + 产业发展
跨境数据流动	跨境数据自由流动（允许例外，但限制例外情况的范围）	原则上允许跨境数据自由流动（允许例外），实践中采取"数据保护主义"措施	对跨境数据自由流动持审慎和怀疑态度
数据本地化	禁止数据本地化	原则上禁止数据本地化，致力于内部统一数字市场建设	对禁止数据本地化持审慎和怀疑态度
个人数据和隐私	与隐私风险相称的必要限制，强调行业自律	政府采取严格的限制性措施保护隐私	政府采取限制性措施保护隐私，保证国家安全

资料来源：笔者整理得到。

　　数字自由主义强调"数字经济效率"，倡导建立自由且开放的数字经济市场，消除各种阻碍数字经济发展的制度壁垒。数字自由主义者认为，数据的充分自由流动是数字经济繁荣和经济增长的关键条件，但是人为的障碍（数字保护主义政策）限制了数字经济的自由发展。基于此，数字自由主义者将跨境数据自由流动、数据非本地化和避免不必要的安全措施作为全球数字经济治理的优先事项。美国是该阵营的代表性国家，其制度偏好主要反映在两个方面：其一是不断拓展数字经济治理的适用范围，试图囊括美国所有具有领先优势的行业，特别是金融、娱乐、社交媒体等；其二是不断提高数字经济治理的规则水平，试图打造全球数字经济治理的"黄金标准"。美国对全球数字治理的具体主张主要体现在 TPP/CPTPP、USMCA 和美日贸易协定中。[①] 在 TPP 的"电子商务"章中，主要对数字产品跨境贸易进行规制，强调数据信息传输的高度自由化；在 USMCA 和

---

　　① 跨太平洋伙伴关系协定（Trans-Pacific Partnership Agreement，TPP）最早由新西兰、新加坡、智利和文莱四国发起，2008 年 2 月，美国宣布加入 TPP 谈判，对其进行改造和扩容，全方位主导 TPP 谈判。随后，包括日本在内的多国宣布加入 TPP 谈判。2017 年 1 月，美国从 TPP 中退出，此后日本开始主导 TPP，并将其更名为全面与进步的跨太平洋伙伴关系协定（CPTPP）。尽管美国退出了 TPP，但 CPTPP 仍然保留了 TPP 数字贸易规则的核心内容，体现了美国的全球数字经济治理主张。

美日贸易协定中，美国将 TPP/CPTPP 的数字经济规则进一步升级，例如将跨境数据自由流动和禁止数据本地化应用于金融数据，扩大了源代码的保护范围，增加了互联网服务提供者的责任限制条款，强化了数字税收和数字技术的相关规则。①

数字规制主义强调"公众数据权利"，呼吁完善数字监管政策以保护公众的数据权益，特别是要求对互联网平台企业进行强有力的规制。数字规制主义者虽然原则上同意数字自由主义者的很多目标，但是在数字市场开放问题上秉持比数字自由主义者更加封闭的立场，它们表面上反对数据本地化政策，但在实践中通过立法、征税、设立高标准监管规则等方式限制外国互联网巨头在本土市场的扩张。该阵营的主要代表是欧盟，欧洲大陆国家将个人隐私等公民数据权利当作"基本人权"看待，这种观念形成了欧洲在个人隐私保护方面坚持严格规制标准的意识形态源流。② 在实践中，欧盟的制度偏好表现为"二元路线"，即对内通过一系列立法统一欧盟内部数字市场，对外通过打造数据安全流动区保护本地区数据资源，这种制度偏好主要体现在《通用数据保护条例》（General Data Protection Regulation，GDPR）的相关规定当中。GDPR 的核心内容是根据数字技术发展调整数据保护规则，规制个人数据处理，强化数据主体权利；③ GDPR同时要求，只有当伙伴国证明能够对个人数据进行充分保护（充分性认定）时，才能将欧盟的个人数据传输过去，并禁止向没有获得充分性认定的第三国传输个人数据。

数字发展主义强调"国家数字安全"，希望在保证国家网络信息安全的前提下发展本国数字产业，并在发展中解决数字市场开放不足、公众数据权利保护不力等问题。数字发展主义者并不想实施严格的"数据保护主

---

① 李墨丝．WTO 电子商务规则谈判：进展、分歧与进路［J］．武大国际法评论，2020，4（6）：55 – 77.

② 黄群慧，等．E 贸易时代跨境电子贸易规则研究："一带一路"倡议下郑州建设国家中心城市研究［M］．北京：中国社会科学出版社，2018：108 – 110.

③ 田晓萍．贸易壁垒视角下的欧盟《一般数据保护条例》［J］．政法论丛，2019（4）：123 – 135.

义"或"数据民族主义"政策，但这些国家要么面临数字产业落后的现实压力（如印度），[①] 要么面临严峻的网络安全威胁（如俄罗斯），[②] 因此不能完全开放本国数字市场（例如放任数据的跨境自由流动），而是需要通过广泛的数据本地化和数据跨境流动限制政策来实现数据价值本地化，同时加强政府对本国数据的执法权和控制力。实行发展主义政策的国家大多数是以新兴经济体为代表的发展中国家，这些国家数字技术以及经济发展水平总体上落后于发达国家，在数字经济革命中面临着多种挑战，因此，发展主义者对内采取多种措施促进本土数字产业发展，在对外贸易协定中更注重边界上规则，尽量回避边界内规则，特别是对跨境数据自由流动和计算设施非本地化等方面持审慎和怀疑态度。

四、私人部门的深度参与

私人部门对全球数字经济博弈的深度参与主要表现为互联网平台、标准化组织和行业协会持续推动新兴标准和治理规则出台。[③]

第一，互联网平台是全球数字经济微观治理规则的重要构建者。相对于其他领域的企业，互联网平台企业更容易参与全球数字经济治理，其根本原因在于互联网领域的垄断结构。在数字贸易领域，电子商务平台已经成为全球贸易的重要渠道，电商平台正在广告宣传、供需信息匹配、商品定价、通关、信用评价等诸多微观环节深度参与全球数字贸易规则制定；在社交媒体领域，内容平台是参与全球信息扩散的重要媒介，在内容审查和治理方面承担着重要责任，众多互联网平台企业在恐怖主义、暴力、儿童保护等信息内容治理方面达成共识；在数字货币领域，美国平台巨头

---

① 胡文华，孔华锋. 印度数据本地化与跨境流动立法实践研究 [J]. 计算机应用与软件，2019，36（8）：306 - 310.

② 何波. 俄罗斯跨境数据流动立法规则与执法实践 [J]. 大数据，2016，2（6）：129 - 134.

③ 中国信息通信研究院. 全球数字治理白皮书（2020）[R]. 北京：中国信息通信研究院，2020：39 - 45.

Facebook 准备发行数字加密货币 Libra（"天秤币"），虽然其前途未卜，但这至少表明互联网平台企业将成为数字时代金融生态的重要参与者和组织者。从以上表现来看，互联网平台企业已经开创了其治理空间并开始分享以各国政府为中心的治理体系，[①] 今后的全球数字经济治理将不断见到互联网平台企业的身影。

第二，私营部门主导的标准化组织成为全球数字技术标准的重要制定者。技术标准是全球数字经济治理的底层设计，也是最重要的规则系统之一，其本质是"一套从不可逆的技术创新和重复生产所提炼出来的密码"。[②] 由于种种矛盾，ISO 等传统国际标准化组织未能有效推动数字技术标准的形成，自 20 世纪 80 年代中期开始，国际互联网工程任务组（The Internet Engineering Task Force）、万维网联盟（World Wide Web Consortium）、第三代合作伙伴计划（3rd Generation Partnership Project）等私营部门主导的标准化组织开始在互联网基础设施、万维网、移动通信等领域的标准制定中发挥越来越大的作用。[③] 相对于传统产业而言，数字经济的技术更为复杂，治理难度也更大，私营部门主导的标准化组织将在全球数字标准制定中发挥不可或缺的作用。

第三，行业组织在全球数字经济治理的新兴领域中发挥着日益重要的作用。行业组织包括行业协会、产业联盟等机构，它们在很多尚未形成全球治理机制的新兴领域中发挥了难以替代的作用。在人工智能领域，虽然各国都出台了相应的发展战略（如美国的《国家人工智能研究和发展战略计划》、欧盟的"人脑计划"和日本的"人工智能/大数据/物联网/网络安全综合项目"），但各国在平台/支撑标准、关键技术标准、产品及服务标准、应用标准、安全/伦理标准等领域尚无成型的国际协调机制；各国的行业组织不仅较早地开展了人工智能治理的相关研究，而且通过

---

① 刘晗. 平台权力的发生学——网络社会的再中心化机制 [J]. 文化纵横, 2021（1）: 31 - 39.

② 邓洲. 技术标准导入与战略性新兴产业发展 [J]. 经济管理, 2014, 36（7）: 19 - 30.

③ 中国信息通信研究院. 全球数字治理白皮书（2020）[R]. 北京: 中国信息通信研究院, 2020: 39 - 45.

发挥沟通、协调、服务等功能积极参与该领域的标准制定以及标准协调工作，例如美国的电气和电子工程师协会（IEEE）、美国计算机协会（ACM）和人工智能促进协会（AAAI），以及我国的人工智能产业发展联盟（AIIA）等。①

第二节 全球数字经济规则博弈的现实困境

目前，全球主要经济体都将制定符合自身利益的数字经济规则作为参与全球经济治理的重大优先事项，并成为大国经济角逐的新领域。一般认为，全球治理包含治理主体、治理议题和治理机制三个方面，全球数字经济规则博弈困境也主要体现在这三个方面，造成这种困境的原因是多方面的，既有利益之争，也有权力之争。

一、困境的表现

（一）治理主体困境

治理主体困境主要体现在博弈阵营"碎片化"和治理主体缺失。

博弈阵营"碎片化"指不同阵营内部的差异性明显，导致治理主体分散化的局面。其一，发达国家在互联网平台反垄断和数字税等方面的立场差异和政策分歧扩大，矛盾和斗争逐渐激烈。美国和欧盟在数字贸易治理方面存在很大矛盾，斗争焦点围绕互联网平台规制措施和数字服务税展开。近些年欧盟接连出台了 GDPR 等多部法案，针对的都是超大型互联网平台公司，同时欧洲多国政府准备对美国互联网平台公司开征数字服务税；而美国对欧盟的规制措施和数字服务税非常不满，2020 年 6 月美国贸易代表办公室（United States Trade Representative，USTR）宣布对英国、

---

① 中国信息通信研究院．全球数字治理白皮书（2020）［R］．北京：中国信息通信研究院，2020：39－45．

奥地利、捷克、意大利、西班牙等国的数字服务税发起"301 调查"，并威胁进行贸易制裁。其二，发展中国家内部的数字经济水平差异性明显，无法形成统一的行动集团。随着国际政治经济格局的改变，发展中国家越来越多地参与到全球数字经济治理的决策中。但是发展中国家的内部分歧也较大，即便是经济发展水平较为接近的新兴经济体之间也是如此，例如巴西主张跨境数据自由流动和数据非本地化，但要求给各国保留足够的政策空间；而印度则严格控制跨境数据流动，俄罗斯立场与印度情况相近；我国虽然也限制跨境数据流动，但态度更为积极，主张有条件地流动。

治理主体缺失指非政府部门拥有实际的规制权，[①] 但却未被整合到正式的治理机制当中。在传统国际公共领域治理中，主权国家是最重要的治理主体，但是在全球数字经济治理中，非政府部门已经成为不容忽视也不可或缺的力量，例如在电子商务领域，互联网平台公司在商品定价、通关、信用评价等诸多环节成为微观规则的制定者。但是，目前的全球数字治理主要在主权国家之间进行，本质上仍然属于政府间治理模式，非政府部门在全球数字经济治理中存在着法律地位不明确等问题，[②] 这使得非政府部门无法更好地发挥治理功能。

（二）治理议题困境

治理议题困境指不断增多和细化的议题导致议题之间的"拥挤"。[③] 数字技术和数字贸易的迅猛发展导致各种新兴治理议题涌现，使全球数字经济规则博弈的议题呈现不断细化和密集型涌现的态势。根据领域不同，数字经济规则博弈的议题大致可以分为开放类议题、监管类议题、发展与安全类议题。其中，开放类议题包括跨境数据流动、电子传输免关税、计

---

① 刘晗. 平台权力的发生学——网络社会的再中心化机制 [J]. 文化纵横，2021（1）：31－39.

② 江婷烨. 国际非政府组织参与全球治理的国际法问题研究 [J]. 新东方，2020（6）：41－46.

③ 郭小琴. 全球公地治理碎片化：一个初步的理论分析 [J]. 学术探索，2020（2）：58－64.

算设施非本地化、贸易便利化、互联网开放等；监管类议题包括个人隐私保护、消费者权益保护、互联网平台责任、数字服务税和数字知识产权保护等；发展与安全类议题包括对落后国家资本与技术援助、网络安全开放政策灵活性和对本国产业的保护等。此外，每项议题又包含众多的子议题，例如数字知识产权保护包括禁止源代码强制性转让、数字内容版权保护等。

议题的复杂化导致了谈判无序化，各国都选择于己有利的议题，规避于己不利的议题，导致合作方向难以确定，谈判进程困难重重。如表 3-2 所示，在 WTO 电子商务谈判中，美国主张高度自由化和开放，所以提案内容主要涉及开放类议题，对监管类议题和发展合作类议题关注较少；发达经济体和高收入发展中国家主张开放类议题与监管类议题并重，对发展安全类议题关注较少；以中国为代表的中等收入发展中经济体对开放类议题中的传统电子商务议题有很大兴趣，同时注重加强监管和国际发展合作；低收入发展中经济体主要涉及传统电子商务议题和技术援助等发展安全类议题。① 因此，在 WTO 电子商务谈判中经常出现各国"各说各话"的现象，降低了多边贸易体制的治理效能。

表 3-2　　WTO 电子商务谈判中代表性经济体提案所涉及的关键性议题

关键性议题	美国	欧盟	日本	加拿大	中国	乌克兰	科特迪瓦
跨境数据流动	√	√	√	√			
电子传输关税	√	√	√	√	√	√	√
贸易便利化	√		√	√	√	√	
互联网开放	√	√	√				√
市场准入	√		√				√
国内税例外		*		√		√	

---

① 岳云嵩，霍鹏. WTO 电子商务谈判与数字贸易规则博弈 [J]. 国际商务研究，2021，42（1）：73-85.

续表

关键性议题	美国	欧盟	日本	加拿大	中国	乌克兰	科特迪瓦
知识产权保护	√	√	√	√		√	
个人隐私保护		√	√	√	√		
反垄断		√					
消费者权益		√	√	√	√		
网络安全	√				√		
数字鸿沟			√		√	√	√

注：＊表示欧盟提案中没有涉及，但欧盟是数字服务税最主要的推动者。

资料来源：岳云嵩，霍鹏．WTO电子商务谈判与数字贸易规则博弈［J］．国际商务研究，2021，42（1）：73－85．有修改。

（三）治理机制困境

治理机制困境主要体现在多边贸易体制赤字和区域机制冲突。

多边贸易体制存在决策力和执行力不足的问题，导致了严重的"治理赤字"。WTO电子商务谈判在核心和关键议题上迟迟无法取得突破性进展。以数字产品关税和数字产品非歧视待遇为例，目前有三种主张：美国主张免征电子传输关税和数字服务税；欧盟、加拿大、新西兰、新加坡、巴西和乌克兰等国主张免征电子传输关税，但是征收数字服务税；印度、南非、印度尼西亚等发展中国家主张征收电子传输关税和数字服务税。[①]由于分歧过大，WTO至今未能就数字产品永久性免征关税作出决定，只是在每次部长会议上予以延期，更无力调解欧美之间的数字服务税争端。

目前，各主要经济体都将RTA作为主渠道，但是发达国家主导建立的机制大多是排他的，由此带来严重的机制冲突。美国一直试图通过主导建立TPP、USMCA和跨境隐私保护体系（Cross-Border Privacy Rules，CBPR）等排他性机制主导全球数字贸易治理，例如美国一直试图将APEC成员就企业跨境转移数据缔结的CBPR体系独立于APEC框架之外，从而

---

① 岳云嵩，霍鹏．WTO电子商务谈判与数字贸易规则博弈［J］．国际商务研究，2021，42（1）：73－85．

在排除我国的情况下制定相关规则。欧盟近期修改和出台了一系列数字法案，这些法案对内致力于统一区域市场，对外通过"长臂管辖权"构建排他性数据流通圈，例如欧盟要求只有当伙伴国证明能够对个人隐私进行充分保护时，才能将欧盟的个人数据传输过去，并禁止向不能进行充分保护的第三国传输数据。

二、困境的成因

（一）利益之争：数字市场份额和产业发展空间竞争

数字经济开创的广阔市场并不会平等地分配给每个国家，因为各国在数字技术发展水平以及由其决定的数字比较优势方面存在巨大差异。发达国家数字技术发展水平相对较高，发展中国家数字技术发展水平相对较低，二者互相开放，发达国家将关注点集中于高端数字产品和数字服务业，发展中国家只能集中于传统的电子商务业，但发展中国家之间将面临激烈的竞争，难以发展壮大，其结果是发展中国家单方面开放市场。从发达国家角度来看，美国是全球数字经济最发达的国家，拥有谷歌、苹果、脸书和亚马逊等全球互联网巨头，而欧盟和日本几乎没有互联网巨头，所以发达国家在数字贸易监管方面存在严重分歧。2020年12月，欧盟委员会相继公布了《数字服务法案》《数字市场法案》等，旨在进一步限制美国科技巨头的反竞争行为，规范欧盟数字市场秩序。此外，以法国为首的欧洲多国政府纷纷准备对美国互联网公司开征数字税。发展中国家之间的比较优势差异也很大，我国是仅次于美国的数字经济大国，拥有BAT（百度、阿里巴巴和腾讯）和京东等全球性电商巨头，其他新兴经济体国家也正在大力发展本国数字技术，但是大多数低收入发展中国家既无技术也无资金，因而无力发展自主的数字技术。

数字产业发展依赖数据的驱动，而数字贸易必然带来数据的跨境流动，带来更大范围的数据汇聚和更深层次的数据加工，从而提升全球数字产业链的深度和广度。① 但是不同类型经济体所面临的收益和风险是不对等的，由于技术代差和产业发展基础等方面的差距，数字技术先进国有能力汇聚和加工更多的数据，从而获得更大的数字产业发展空间，承担较小的风险；而数字技术落后国缺乏必要的数字技术准备和数字基础设施，往往成为数据净输出国，被锁定在数字产业链低端。因此，发展中国家强调"数字鸿沟"等发展问题，希望能够得到广泛的技术援助和发展合作，而发达国家则希望继续保持技术垄断优势，并不热衷于技术援助和发展合作。

（二）权力之争：数字经济规则制定权博弈

数字经济治理的关键是跨境数据流动、计算设施非本地化、个人隐私保护和网络安全。各国都试图制定符合自身比较优势的规则，特别是将国内规则上升为国际规则，由此导致在规则制定权上的博弈困境。

美国主张实行自由的跨境数据流动和严格的计算设施非本地化，同时认为过度重视网络安全会妨碍数字贸易发展，在个人隐私保护上更强调行业自律的作用；此外，美国对各项规则中的"例外情形"容忍度极低。欧盟、日本与美国在跨境数据流动、计算设施非本地化上的立场基本一致，但是对公共政策目标的容忍度较高，也就是说，这些国家认同"各国为了公共政策有必要加强监管"。与此同时，欧盟坚持采用以 GDPR 为代表的高标准规则保护个人隐私，为此甚至可以限制跨境数据流动。包括新兴经济体在内的大多数发展中国家都将网络安全置于优先地位，对跨境数据自由流动和计算设施非本地化等方面持审慎和怀疑态度，例如以发展中国家为主体的 RCEP 要求各缔约方不得阻止跨境数据流动，不得将计算设施本地化作为市场准入条件，但是同时附加例外条款，认为各国为了实现合法的公共政策目标和保护基本安全利益可以采取必要的限制措施。

---

① 王岚. 数字贸易壁垒的内涵、测度与国际治理［J］. 国际经贸探索，2021，37（11）：85 – 100.

第三节　全球数字经济规则博弈的发展趋势

随着各国数字化转型提速，数字技术不断更新换代并向传统领域渗透，各国的数字资源禀赋和数字贸易比较优势正在发生变化，特别是新冠疫情暴发后，国际政治经济格局的重构加快进行，全球数字经济谈判在治理主体、治理议题和治理机制等方面也出现了新变化，这些变化将全球数字经济治理进程推向深入。

一、总体趋势：制度复杂性突出

"制度复杂性"将复杂性科学（complexity science）应用于全球治理研究，因此首先对复杂性科学进行介绍。复杂性科学是系统科学的前沿领域，不但在物理、数学、生物等自然科学研究中成就斐然，而且在经济、社会、管理等社会科学研究中也已蓬勃兴起。复杂性科学之所以有如此广泛的适用性得益于方法论上的突破；复杂性科学的方法论集中表现了这样一个科学原则：放弃现实世界简单性的假设，从整体上把握事物，而不是将复杂的事物还原为简单的组成构件去理解。[1]

作为国际制度理论的新兴命题，制度复杂性指不同领域或相同领域内，彼此共存的平行、嵌套和重叠制度体系的表现形态。[2] 从研究内容上看，制度复杂性研究包括制度复杂性的表现及其对国际合作的影响两个方面。从表现上看，制度复杂性包括国际制度的平行（parallel）、重叠（overlapping）和嵌套（nested）三种形态。[3] 其中，平行是指制度间不存在正式的、直接的重叠，嵌套是指制度彼此嵌入在一个同心圆之中，重叠

---

[1]　苗东升. 系统科学精要（第3版）[M]. 北京：中国人民大学出版社，2010：217.

[2]　任琳，张尊月. 全球经济治理的制度复杂性分析——以亚太地区经济治理为例 [J]. 国际经贸探索，2020，36（10）：100 – 112.

[3]　王明国. 国际制度复杂性与东亚一体化进程 [J]. 当代亚太，2013（1）：4 – 32.

是指在一个问题领域具有多重制度且彼此并不排斥。总之，制度复杂性是将国际制度视为一个"复杂系统"，关注的是国际制度密度增加和国际协议重叠部分扩大等现象及其对国际合作的多方面影响。

"复杂性"概念的引入意味着国际制度研究领域的突破，"制度复杂性"理论将单个协议视为更大的国际规则体系的一部分，从整体上而非单个协议本身对国际制度进行系统性考察，带来了研究视角和思维方式等方面的重大变革。但是也要看到，目前制度复杂性的理论框架较为单薄，研究内容也较为单一，甚至有将机制复杂性（regime complexity）等同于制度复杂性（institution complexity）的倾向，说明该理论的建构尚处于起步阶段，与复杂性科学在其他领域的应用相比，国际制度研究对复杂性方法的运用还不够成熟。

全球数字经济规则博弈的制度复杂性主要体现在治理机制之间的平行、嵌套和重叠；而且，与其他领域的制度复杂性类似，全球数字经济规则博弈的复杂性主要表现在功能一致但成员国不完全相同的机制平行、机制重叠和机制嵌套等方面。由于全球数字经济规则博弈是新兴领域，不同类型的治理机制正处于创建、冲突和整合阶段，所以很多问题领域尚未形成相关治理机制，这种新兴的、不稳定的和不成熟的机制间关系使制度复杂性更加突出。

从制度供给角度看，在不同国家主导的数字经济治理机制当中，价值导向和治理目标往往存在显著差异；即使在同一个国际制度的安排下，各成员国的利益诉求也存在很大不同，这源于数字技术的颠覆性和数字经济发展的不平衡性。数字技术正在重塑全球经济的各个角落，然而，这种变化是以不同的速度发生的，不同地区、不同国家以及不同社会群体参与数字经济的程度不同，从中的获益程度也不同，因此，不同国家会选择对自身有利的全球数字经济治理方式。更重要的是，全球互联网行业已呈寡头格局，集中了先进技术、海量数据和巨额资本的大型互联网平台公司成为全球数字经济治理中不可忽视的力量，而相对于传统的工业垄断集团，互联网垄断具有高度隐匿性、模糊性和易变性，是一个充满力量但隐匿无踪的复杂系统，① 它们正在深刻地改变经济、社会、政治等体系的微观运行，甚至具备了公共基础设施的属性。② 因此，公共部门和私人部门之间都有动力成为全球数字经济治理的制度供给方。

二、治理主体多元化及私人部门的深度参与

全球数字经济规则博弈的结构是指不同参与主体及相互间的关系，这种结构主要体现在国家行为体和非国家行为体在全球数字经济治理中的互动格局。目前学术界对全球数字经济规则博弈主体的研究主要集中在典型国家的政策主张上，忽略了不同参与主体之间更为宏观的结构性差异。本部分从全球数字经济规则博弈的宏观结构出发，围绕不同国家阵营的博弈以及私人部门对全球数字经济治理的参与展开，阐述全球数字经济规则博弈主体的演进趋势。

一方面，各主要经济体开始结成以问题为导向的多元化博弈阵营。从治理进程看，发达国家与发展中国家之间的界限不断削弱和模糊，数字强国和数字弱国之间的矛盾凸显。在此背景下，各国从自身数字经济发展水平和国家现实利益出发，在不同领域选择不同的合作伙伴，出现了更为多元化的阵营组合。以日本为例，在跨境数据流动监管方面，日本和欧盟都缺乏大型互联网企业，因此在规制大型互联网企业跨境传输数据方面有共同的利益诉求，双方在日欧 EPA 基础上互相给予充分认定，树立了全球数据保护的标杆，也建立了全球最大的数据安全传输区域；在数字知识产权保护方面，日本与美国的立场大体一致，都将保护源代码、算法和数字版权视为核心利益，双方通过《美日数字贸易协定》（UJDTA）将"禁止强制公开源代码和算法"规则推向国际社会；在数字市场开放方面，日本与中国、韩国和东盟等国都致力于电子商务便利化、自由化，各国通过

---

① 樊鹏，李妍. 驯服技术巨头：反垄断行动的国家逻辑［J］. 文化纵横，2021（1）：20 – 30.
② 刘晗. 平台权力的发生学——网络社会的再中心化机制［J］. 文化纵横，2021（1）：31 – 39.

RCEP 将创造有利的电子商务环境、促进跨境电商的发展与合作作为区域规则固定下来；在数字援助方面，日本在 WTO 谈判中积极主张对发展中国家尤其是最不发达国家进行援助，包括数字基础设施以及技术等，这与我国和巴西等国提出的消弭"数字鸿沟"的诉求一致。[①]

从整体上看，以美国、欧盟等为"轮轴"、其他国家为"辐条"的结构日趋强化。在全球数字经济规则博弈中，欧盟和美国处于中心地位，掌握着大部分规则的制定权。例如在最关键的跨境数据流动领域，欧盟通过授予加拿大、日本、英国、美国等 15 个国家（地区）"充分性认定"，打造了世界上最大的数据安全流动区；更重要的是，欧盟的"二元路线"启发了很多内部市场广阔但本身缺乏互联网巨头的国家，巴西等拉丁美洲国家都在认可和仿效欧盟的很多规制要求，从而强化了"欧盟标准"的影响力。美国主要通过政治影响力和双边 FTA 推广其规则标准，一方面在各种国际场合推广其高水平数据流动和隐私保护规则，例如在亚太地区创建独立于亚太经合组织（APEC）之外的 CBPR 体系，并试图纳入非 APEC 国家以扩大其影响力；另一方面通过签署自由贸易协定建立数字经济治理的"标杆"，例如在 USMCA 和《美日贸易协定》中，美国进一步升级和拓展了 TPP/CPTPP 中的数字经济规则，[②] 使自身长期处于全球数字经济治理的中心地位。

另一方面，公共部门与私人部门将形成多元协同的治理局面。在全球数字经济治理中，各国已经呈现全政府参与的趋势，即从电信部门和监管机构发展到包括外交、文化和司法等部门参与，但面对高度复杂的数字技术及其广泛应用，以国家为单一主体的传统治理模式面临危机，推动形成全球数字贸易治理规则的努力受阻，这说明政府部门难以应对广泛的治理需求。与此同时，由于种种矛盾，ISO 等传统国际标准化组织未能有效推动数字技术标准的形成，反而是私人部门主导的标准化组织成为全球数字

[①]　周念利，吴希贤. 日本参与国际数字贸易治理的核心诉求与趋向分析［J］. 日本研究，2020（3）：33 - 43.

[②]　李墨丝. CPTPP + 数字贸易规则、影响及对策［J］. 国际经贸探索，2020，36（12）：20 - 32.

技术标准的主要制定者。以上决定了互联网平台、私营部门主导的标准化组织和行业协会等非政府部门将参与到全球数字贸易治理进程之中。未来各国政府将进一步加大与非政府部门的合作力度，企业界（包括域名公司、互联网服务提供商、电信公司、平台公司）、社会组织、国际组织（如国际电信联盟）、技术社群组织（互联网协会及其下辖的互联网工程任务组、ICANN 等）都将成为各国政府争取的合作对象，充分利用其灵活性特点，以"潜移默化"的方式向全球输出治理理念和相关规则。

三、治理议题的演进趋势及模块化谈判方式

目前学术界对全球数字经济规则博弈的研究主要集中在代表性领域和典型议题上，对治理议题的系统性概括和前瞻性研判较为少见。本部分不仅对潜在议题进行预判，而且分析谈判方式的变化，从而全面且动态地说明全球数字经济规则博弈的议题复杂性。从总体上看，全球数字经济规则博弈的议题将呈现议题数量不断增加、议题之间的交叉性明显和同一议题的跨领域特征突出三大趋势。

第一，议题数量不断增加。数字技术对社会经济的影响是深刻且长远的，因此全球数字经济治理的覆盖领域将有不断扩大的趋势，新的治理议题层出不穷，很多议题尚未提上议事日程。例如在数据治理领域，研发、生产和消费所产生的基础数据尚未纳入治理范围，但数字经济的全球化分工必将使基础数据的贸易成为现实，基础数据交易很可能是未来全球数据治理的重点议题；再例如，目前网络中立议题主要局限在各国国内，随着各国不断放松电信业市场准入门槛，网络中立议题可能演化为本国电信运营商与外国互联网平台企业之间的博弈。

第二，议题之间的交叉性明显，多个议题共同对某个领域（或其中的某个问题）进行治理。例如随着算法的普及，社会公众对算法的讨论开始从技术层面深入到伦理道德层面，并将"算法透明和可解释性"视为互联

网平台的社会责任，[①] 因此互联网平台责任议题与源代码保护议题都可以对算法治理产生影响；但算法的研发和更新一直被互联网平台视为最核心的商业机密和最重要的知识产权，算法过于公开透明可能侵犯互联网平台的商业利益，很多国家将算法纳入源代码等专有信息的保护范围，[②] 因此算法治理又适用于知识产权治理。

第三，同一议题的跨领域特征突出。数字经济最初的发展针对传统领域供需匹配不畅和交易成本太高等痛点，对其的治理将不仅包括已有的知识产权保护、消费者保护和个人隐私保护等，还将向移动支付、数字货币和社会信用体系等领域拓展，各国只要对互联网平台规制的某一议题达成协议，就将从横截面方向影响其他领域的谈判。因此具有越来越强的跨领域特征。

为了应对以上三大趋势，各国将更倾向于模块化的谈判方式。"模块化"是新兴起的一种谈判方式，就是将谈判议题分为不同的模块，成员国可以根据自身情况选择最适合的模块或协议元素加入，而非加入全部协议。[③] 这种谈判方式更加具有开放性、灵活性和包容性，因为各国总能在不同的模块中找到相应的利益契合点，从而为不同发展水平的国家提供合理的准入机制，有利于谈判的顺利推进。目前，数字经济伙伴关系协定（Digital Economy Partnership Agreement，DEPA）率先尝试了模块化谈判方式。DEPA 共包括 16 个模块，除一般性规定外，包括商业和贸易便利化、数字产品及相关问题、数据问题、更广阔的信任环境、商业和消费者信任、数字身份、新兴趋势和技术、数字包容和透明度等内容，涵盖了大部分数字贸易治理议题。[④]

---

① 阳镇，陈劲. 数智化时代下企业社会责任的创新与治理 [J]. 上海财经大学学报，2020，22（6）：33 - 51.

② 李墨丝. CPTPP + 数字贸易规则、影响及对策 [J]. 国际经贸探索，2020，36（12）：20 - 32.

③ 赵旸顿，彭德雷. 全球数字经贸规则的最新发展与比较——基于对《数字经济伙伴关系协定》的考察 [J]. 亚太经济，2020（4）：58 - 69.

④ New Zealand Ministry of Foreign Affairs and Trade. Digital Economy Partnership Agreement between Singapore，Chile & New Zealand（"DEPA"）.［DB/OL］. https：//www. mfat. govt. nz/assets/Trade-agreements/DEPA/DEPA-Chile-New-Zealand-Singapore-21-Jan-2020-for-release. pdf.

DEPA 及其所代表的治理议题模块化趋势对于破解全球数字贸易治理困境有两方面重要意义。

第一，可以有效应对治理议题数量不断扩大的趋势。当前的数字贸易属于"互联网 + 贸易"，但是随着数字技术与实体经济不断融合发展，未来的数字贸易将是"互联网 + 研发 + 生产 + 贸易"。因此，未来对数字贸易的治理将从消费领域扩展到研发、制造业和政府部门等领域，很多新议题将提上谈判日程，例如研发、生产和消费所产生的基础数据尚未纳入治理范围，但数字经济的全球化分工必将使基础数据的贸易成为现实，基础数据交易很可能是未来的重点议题。DEPA 考虑了包括金融科技、人工智能等多项关于新兴技术的软性合作安排（模块 8），从而将新出现的治理议题广泛地纳入相应框架。

第二，提供了更具包容性的合作制度框架，允许各国根据国情调整合作方向和力度。全球数字贸易治理存在由边界上议题扩展至边界后议题的问题，① 在最初的全球数字贸易谈判中，谈判焦点集中在跨境数据流动、计算设施非本地化、数字产品关税和非歧视待遇等方面，现在则扩展至电信市场开放、政府数据开放、反垄断和中小企业保护等方面。与边界上议题不同，边界后议题超出了例行的贸易范围，开始向社会领域、国内体制甚至价值观领域渗透，使很多发展中国家对此持谨慎和怀疑态度。DEPA以及模块化谈判能够在求同存异的基础上努力寻找与各国存在共同利益的议题，允许成员国在必要时调整规则。此外，模块化谈判还能够更大程度地吸引其他国家加入，推动更广泛的数字贸易合作，从而打破美欧对规则制定权的垄断。

四、治理机制重叠化并集中体现在亚太地区

就多边贸易体制来看，各国在 WTO 框架下就关键性数字贸易规则达成共识是比较困难的；在双边机制方面，各国相互签署双边协定以协调立

---

① 白洁，张达，王悦. 数字贸易规则的演进与中国应对［J］. 亚太经济，2021（5）：53–61.

场和政策，例如美国、日本和欧洲国家之间已经存在多个双边协调机制。但是，从发展趋势看，各主要经济体依然会将 RTA 作为主要平台。然而，与新冠疫情前不同的是，各主要经济体所参加或建立的区域治理机制包含着越来越多的相同成员，由此出现明显的机制重叠趋势，并且集中体现在亚太地区。

目前，亚太地区存在多个区域治理机制，包括 USMCA、CPTPP、RCEP 和 DEPA 等。其中，RCEP 打破了 USMCA 和 CPTPP 的垄断局面；而各主要经济体都加入或申请加入 2 个及以上的区域治理机制，形成了"纵横交错"的合作网络。美国主导 USMCA，同时准备重返亚太数字贸易治理；① 日本将 CPTPP 作为发挥影响力的主要平台，同时加入了由中国、韩国、东盟十国、澳大利亚和新西兰组成的 RCEP；我国是 RCEP 的主要成员，并已经申请加入 DEPA 和 CPTPP，虽然目前 DEPA 仅包括新加坡、新西兰和智利，但未来 DEPA 与 RCEP 成员国将有很大程度的重合。成员重合现象突出体现在地区中小国家上，例如新加坡和新西兰两国同时是 CPTPP、RCEP 和 DEPA 的成员国，智利同时是 CPTPP 和 DEPA 的成员国。这说明亚太地区的多个区域治理机制之间存在越来越明显的交叉重叠现象。

区域机制重叠化表面上增加了各国的交易成本，实则对缓解多边体制赤字、区域机制冲突困境有重大意义。一方面，由于成员较少、地缘相近和经贸往来密切，区域谈判可以更加灵活，达成协议的可能性更大，从而间接推动多边进程；另一方面，也是更为重要的方面，由于地区各成员国都加入了多个区域平台，那么任何一国都不可能主导整个地区的数字贸易治理进程或独揽地区数字经济规则的制定，从而可能缓和区域机制冲突困境。

---

① 周念利，孟克. 美国拜登政府的数字贸易治理政策趋向及我国应对策略 [J]. 太平洋学报，2021，29（10）：55-63.

第四章　全球数字贸易规则博弈与新兴经济体数字服务贸易发展

作为一种新兴贸易形态，数字贸易发展速度之快、辐射范围之广、影响程度之深前所未有，正在推动贸易主体转型和贸易方式变革，成为重塑全球贸易结构的关键力量；其中，数字服务贸易是最有代表性和最有潜力的数字贸易类型。然而，目前全球并没有一套统一的国际规则来管理数字贸易。在全球数字贸易规则博弈中，由于 WTO 谈判进展缓慢，各经济体纷纷致力于达成 FTA、PTA 和其他形式的 RTA。各国在 RTA 框架下进行数字贸易国际规则制定权的争夺，其目的是提高本国数字贸易发展水平，这就涉及数字贸易规则的贸易效应问题。

第一节　数字贸易的概念界定与数字服务贸易的兴起

随着互联网普及率的提升，人工智能、云计算、区块链等数字技术快速发展，世界正在迎来数字化革命，人们的生产生活方式发生了很大改变，越来越多的贸易从线下转到线上，这为数字贸易的高速发展带来了动力和机遇。目前，数字贸易已逐渐成为全球经济增长的重要推动力和国际经济竞争的新高地。

一、数字贸易的内涵

数字贸易是指在跨境研发、生产、交易、消费活动中产生的，能够以数字订购或数字交付方式实现的货物贸易、服务贸易和跨境数据流动贸易的总和。① 数字贸易不仅包括通过信息通信技术开展的线上宣传、交易结算等促成的货物贸易，而且包括通过信息通信技术传输的服务贸易，如数据、数字产品和数字化服务的贸易。简言之，数字贸易就是数字技术赋能于货物贸易和服务贸易。

数字贸易既包括贸易方式的数字化，又包括贸易对象的数字化。

贸易方式的数字化是指信息通信技术与贸易过程各环节深入融合渗透，如电子商务、线上广告、数字海关、智慧物流等新模式和新业态对传统贸易的赋能，从而带来贸易效率的提升和交易成本的降低，其实质是传统贸易方式的数字化升级。信息通信技术在贸易各环节的广泛应用催生了新的模式和业态，有效降低了国际贸易中的信息不对称问题，极大地推进了跨境电子商务的发展，其关键在于资金流、货物流和信息流的有机结合。

贸易对象的数字化是指数据和以数据形式存在的产品与服务，信息通信技术的发展使得一些产品和服务开始以数据的形式存储、传输和交易，可贸易程度大幅提升。数字经济时代，"云""网""端"的发展正在改变很多产品和服务不可贸易、难贸易的局面：一是存储载体的改进，磁盘、光盘、移动硬盘等传统存储设备正在被虚拟的、线上的云存储所取代，推动了存储成本的降低、存储方式的优化和存储服务的演进；二是传输渠道的改进，全球网络普及率和速率稳步提升，网络使用价格持续下降，形成了一个高效的数字化航道，数据和数字化产品与服务从云端通过网络快速流入千家万户；三是输入输出设备的升级，从台式计算机、笔记本电脑到

---

① 余淼杰，郭兰滨. 数字贸易推动中国贸易高质量发展［J］. 华南师范大学学报（社会科学版），2022（1）：93–103.

现在的智能手机、车载智能终端，硬件和终端设备快速升级迭代，为更优质、更丰富的数字产品和数字服务提供了可能。①

从发展趋势来看，数字贸易正在向"数据赋能全球价值链"发展。数字技术正在改变全球价值创造和分配模式，越来越多的生产制造技术被凝结于数字化产品和服务之中，生产过程变得高度数字化和智能化，发达国家的研发部门可以通过数字贸易向发展中国家的生产部门输出数字服务，远程操控生产过程，把控关键技术和制造工艺；而发展中国家面临三方面挑战：一是技术获取挑战，由于技术高度凝结于数字化产品和服务之中，发展中国家承接传统制造业转移所能接触到的技术相对减少，技术升级难度上升；二是劳动力优势挑战，大数据、云计算、人工智能等数字技术的发展大大降低了制造过程对劳动力的需求，发展中国家的劳动力优势被削弱；三是利益分配挑战，数字技术使全球价值链的收益分配进一步向前后两端迁移，微笑曲线将变得更加陡峭，发展中国家获得的收益将进一步减少。

二、数字服务贸易是最有潜力的数字贸易类型

由于各国数字经济发展水平不一，对数字贸易品的划分范围也存在差异，大致来说可分为三个层次：第一层，以货物贸易为主，即数字贸易等于电子商务；第二层，加入了图书、影音、软件等最常见的数字产品；第三层，加入了"数据赋能服务"，如云计算、人工智能、在线教育、在线医疗、社交媒体等数字服务。其中，数字服务是数字贸易中最具有发展潜力的部分。

联合国贸易和发展会议（United Nations Conference on Trade and Development，UNCTAD）、经济合作与发展组织（Organization for Economic Cooperation and Development，OECD）等主要国际组织率先对数字服务贸易

① 中国信息通信研究院. 数字贸易发展与影响白皮书（2019）[R/OL]. http：//www. caict. ac. cn/kxyj/qwfb/bps/201912/t20191226_272659. htm.

进行了研究，相对而言，OECD 的定义更为权威，UNCTAD 的统计分类更加细致。OECD 将"数字服务贸易"界定为"通过电子信息网络跨境传输和交付的服务贸易"，也称为"数字促进贸易"。数字服务贸易有狭义和广义之分，狭义数字服务贸易单纯指服务贸易数字化，包含教育、医疗和旅游等行业数字化以及数字影视、数字音乐等服务数字化；广义数字服务贸易相比狭义数字服务贸易在贸易范围上有了很大的拓展，即包含了更多的数字服务，如区块链、物联网等。① 考虑到 UNCTAD 对数字服务贸易的分类标准被更加广泛地使用，本书接下来将利用 UNCTAD 的分类标准进行统计和分析。数字服务贸易包括生活性服务和生产性服务两大类，其中生活性服务包括"个人文化和娱乐服务"和"保险和养老金服务"，生产性服务包括"金融服务""知识产权使用权费用服务""电信服务、计算机服务及信息服务"和"其他商业服务"。②

　　2005~2021 年，全球数字服务贸易出口额呈良好的发展态势。2005年全球数字服务出口额只有 12005 亿美元，2021 年达到 38134 亿美元，增长了 2.18 倍，年均增长率约为 7.5%。可以看到，2020 年全球数字服务出口规模在服务出口规模中占比大幅提升，新冠疫情的冲击使全球经济衰退、贸易受阻，数字服务贸易逆势增长，成为服务贸易的重要推动力。从数字服务贸易出口规模对服务出口规模占比来看，数字服务贸易在服务贸易中的占比呈波动上升趋势，从 2005 年的 44.7% 到 2015 年的 50.46%，数字服务贸易在服务贸易中的主导地位逐渐显现。新冠疫情暴发之后，数字服务贸易呈爆发式增长，2020 年全球数字服务贸易出口规模占服务贸易的比重高达 65%，2021 年数字服务贸易占比略低于 2020 年，但是并未改变数字服务贸易继续上升的势头。从全球角度看，数字服务出口规模占全球贸易总出口的比重较低，但呈缓慢的增长趋势，2005 年到 2020 年增长了约 5.5%。数字服务出口规模在全球 GDP 中的占比从 2005 年的 2.5% 增

---

① OECD. Handbook on Measuring Digital Trade, Version 1 [R/OL]. https：//www.oecd.org/fr/sdd/stats-echanges/handbook-on-measuring-digital-trade.htm.

② 周念利，姚亭亭，黄宁. 数据跨境流动壁垒对数字服务贸易二元边际影响的经验研究[J]. 国际经贸探索，2022，38（2）：4-21.

长到 2021 年的 3.95%，对世界经济贡献率增长了约 1.5%。以上分析都体现了数字服务贸易巨大的发展潜力。[1]

从结构上看，在六大数字服务部门中，其他商业服务的出口额最大，出口规模远高于另外五大数字服务部门，且在数字服务出口总额中占比十分稳定，为 43%~44%；电信、计算机和信息服务增长速度最快，其在数字服务出口总额的占比从 2005 年的 15% 增长至 2019 年的 21%，随着数字经济在经济发展中的重要性不断提升，ICT 产业逐渐成为支撑国民经济的重要力量，产业规模和发展速度不断攀升，所以世界各国对 ICT 产业相关服务的需求迅速增加，引起电信、计算机和信息服务出口比重的提升；个人文化和娱乐服务、养老和保险金服务在六大服务部门中占比较低（均未超过 6%）且变化不明显，尤其是个人、文化和娱乐服务，2019 年全球出口额仍未超过 1000 亿美元，出口规模仅为其他商业服务的 1/17；金融服务出口额在六大服务部门中处于第三位，但是近年来金融服务的增长率甚至持续出现下降趋势。[2]

三、我国数字服务贸易发展现状

我国数字服务贸易出口额从 2005 年的 173.48 亿美元增长到 2021 年的 1948.45 亿美元，增长了 10 倍，年均增速达 18.3%，远高于同期我国 GDP 的增长率，这说明我国数字服务出口始终保持较高的增长率，并呈现平稳上升趋势（如表 4-1 所示）。在 2009 年、2012 年、2015 年我国经济面临下行压力，数字服务出口规模均低于前一年，这是因为受到国际金融危机、欧债危机和国内经济环境变化的多重原因影响。随着国内外贸易环境的改善，我国数字服务贸易依然保持较高的增速；此外，我国数字服务出口额在服务贸易出口额中的占比不断攀升，2019 年已经达到 50% 以上，这代表数字服务贸易已成为数字经济增长的推动力，并逐渐在我国服务贸

---

① 根据 UNCTAD、世界银行 WDI 数据库整理得到。

② 根据 WTO-OECD BaTIS 数据库计算得到。

易中占据主导地位，但是考虑到欧美等发达国家数字服务贸易在服务贸易中占比已经超过65%，我国与发达国家相比存在较大差距，仍有一定发展空间。

表 4 - 1　　　　　　我国数字服务出口规模及占服务贸易比重

年份	出口额（亿美元）	增速（%）	占服务贸易比重（%）
2005	173.48	—	22.11
2006	213.26	22.93	22.67
2007	409.04	91.80	30.23
2008	497.18	21.55	30.44
2009	483.54	-2.74	33.68
2010	576.53	19.23	32.33
2011	750.07	30.10	37.31
2012	736.54	-1.80	36.54
2013	825.48	12.08	39.88
2014	990.24	19.96	45.19
2015	933.13	-5.77	42.68
2016	937.01	0.42	44.72
2017	1025.67	9.46	44.97
2018	1321.66	28.86	48.69
2019	1435.48	8.61	50.69
2020	1543.75	7.54	50.08
2021	1948.45	26.22	50.53

资料来源：根据 UNCTAD 数据库整理得到。

2020 年，中国数字服务贸易规模首次跻身世界五强之列，也是五强中唯一的发展中国家。本书选取了 2021 年数字服务出口规模超过 1000 美元的 11 个经济体进行对比，分别是美国、英国、爱尔兰、德国、中国、印度、新西兰、法国、新加坡、卢森堡和日本。如图 4 - 1 所示，2021 年全球数字服务出口额超过 1000 亿美元的 11 个经济体在数字服务贸易国际市场总占有率高达69%，只有中国、印度两个发展中国家，这说明发展中国家的国际市场占有率普遍较低。2021年中国数字服务出口规模在全球排第五位，前四位依次是美国、英国、爱尔兰、德国，皆为发达经济体，美国以绝对优势持续位列第一，在全球数字服务国际市场占有率高达16%。在所统计的11个经济体中，美国的市场占有率几乎占到四分之一（23%），约为第11名日本的5倍。2021年中国数字服务出口额为1948亿美元，尽管中国数字服务贸易出口增速较高，但是在数字经济实力和数字服务贸易规模上与前四强国家还存在一定差距，与第六大数字服务出口国印度的国际市场占有率仅差0.25%，国际市场份额相差较小，有很大的上升空间。

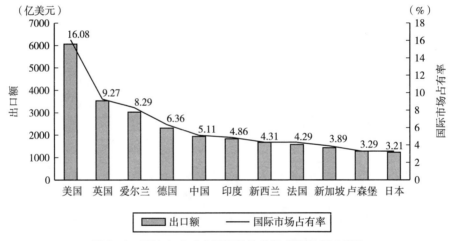

图4-1 2021年全球主要经济体的数字服务出口情况

资料来源：根据UNCTAD数据库整理得到。

第二节　全球数字贸易规则的主要内容、测度方法与博弈阵营

数字贸易规则在全球数字贸易发展中扮演愈加重要角色。一方面，在数字贸易发展过程中，逐渐暴露了市场不公平竞争、数字贸易壁垒增强、贸易摩擦加剧等问题，对现有国际贸易规则体系提出了新的挑战，亟须出

台相应规则对数字贸易加以规范；另一方面，为营造数字贸易健康发展的环境，使国内数字企业享受更多政策红利，各国纷纷出台相关法律法规以规范国内外数字企业的发展。在此背景下，全球各国就数字贸易发展政策协调与市场规范问题展开激烈博弈，并希望通过 RTA 谈判的方式构建有利于自身的数字贸易规则。

一、全球数字贸易规则的主要类型

（一）全球数字贸易规则的分类标准

数字贸易是多元主体和多元利益的结合，因而数字贸易规则的制定和变动将涉及国家、市场与个人三个方面。

对于国家而言，如何在制定数字贸易规则的过程中强化对算力、算法和数据等数字资源的掌控能力，维护本国网络空间安全，成为各国关注的重点。因此，世界各国在培育发展数字贸易的同时，也开始强化对本国数字资源的控制与调节能力，确保网络空间安全，以达到捍卫数字主权的目的。

对于市场主体而言，其最终目的是实现数字资源的自由流动和充分利用，寻求构建"要素自由流动的数字市场"。在这个过程中，以互联网平台公司为代表的数字资本凭借技术优势掌握了数字资源的控制权，并试图以此为基础掌控全社会乃至全球的财富生产和分配。

对于个人（或社会）而言，随着数字技术的进步和数字经济的发展，公共空间和私人空间的界限日趋模糊，在虚拟化的网络空间中，公共空间和私人空间甚至已经融合在一起，个人的信息、服务、行踪、隐私、知识和财富，甚至情绪、判断、选择和行动都会被开发和利用，社会中的个人一方面享受着数字技术带来的生活便利，另一方面担忧个人信息泄露等风险，使个人权利保护面临全新的挑战。

这意味着任何数字贸易政策或数字贸易规则的制定都会面临目标或价值导向的抉择，这些目标或价值导向主要分为三类，即效率、平等和安全，这也是其他任何政策选择都不得不面临的"三难困境"。[①] 基于此，本书以国家、市场和个人三方利益主体在数字贸易中的诉求为标准，以不同发展水平经济体在数字贸易谈判中的倾向为依据，将数字贸易规则分为三类，分别是开放类规则、监管类规则、安全和发展类规则。

（二）全球数字贸易规则的三种类型

开放类规则倡导跨国数据流动的自由化和数据开放，重点关注跨境数据自由流动、电子传输免关税、计算设施非本地化、贸易便利化、互联网开放等议题，在法律上赋予数据流通的许可和市场主体对数据的实际使用权。在数字服务贸易中，开放类规则一方面使市场和商业主体在数据跨境流动中享受减免关税待遇，减少了关税壁垒和非关税壁垒，降低了市场准入门槛，推动了"数字自由市场"的发展，对于激发数字活力、释放经济动能和增进社会福祉具有促进作用，在一定程度上带来了"贸易创造"效应；另一方面通过数据要素的跨境自由流动，实现了数据资源的开发与价值创造，[②] 商业主体在最低标准的政府监管下利用和开发数据资源，通过数字技术优势和科技优势带来资本扩张，抢占数字经济制高点，攫取数据资源，实现商业利润最大化。但是，如果仅追求效率优先和数据要素的自由流动，政府对国家数据主权和个人数据安全始终保持"弱监管"，治理主体的缺位和数据主权的淡化会导致企业等非政府部门在一定程度上代替政府行使规制权，促进数据要素不受限制地无障碍流动和数据规模的扩张，进而引发行业垄断，滥用消费者数据牟利，损害消费者利益，甚至有可能威胁国家安全，导致降低对数字服务进口产品的需求。

监管类规则主要包括个人隐私保护、消费者权益保护、互联网平台责任、数字服务税、网络安全和数字知识产权保护等内容。监管类议题与开放类议题存在很大的差异，以欧盟和美国为例，欧盟对数据本地化和跨境数据自由流动的态度与美国有很大的不同，监管类规则强调的是"公众数

---

① 冯维江. 安全、不完全契约与国际规则 [D]. 北京：中国社会科学院研究生院，2008：23.
② 刘典. 数据治理的"不可能三角" [J]. 文化纵横，2022，82（2）：74 – 83.

据权利"，呼吁政府加强数字监管政策以保护公众的数据权益，特别是要求对数字企业进行强有力的规制。在数字贸易发展中，监管类规则要求政府对本国企业采取高标准的监管要求和公平治理原则并实施严格的数据保护措施，特别是要求对互联网平台企业执行严格的监管和规制，以规范市场行为和维护社会公共利益为目标。通过建立严格规范的数据保护标准，在政府严格的监管下，对本国网络平台及企业等市场主体的行为进行规范，履行社会责任，禁止非法分析处理存储数据、过度采集和滥用数据资源等网络犯罪行为，遏制资本的无序扩张，实现互联网企业健康有序发展，维护社会公平和平等。高标准的要求所形成的跨境数据流动限制势必会对部分互联网数字服务平台企业数据资源的获取、开发和价值创造形成阻碍，而且数据本地化需要企业有足够的资金和技术支持（高昂的经营和合规成本），压缩了企业的生存空间，势必会提高企业数字服务出口的贸易成本；但是，数据保护力度的加大有利于贸易双方建立值得信赖且安全稳定的高质量数据市场，为数据流动创造安全且自由的环境，从而更好地挖掘数据价值。①

安全和发展类规则旨在同时兼顾国家网络安全和数字产业发展。安全和发展是当今时代的主题，安全与发展类规则是以我国为代表的新兴经济体参与全球安全治理以及参与 RTA 谈判时最为重视的部分，其核心理念是合理统筹安全和发展的关系，具体包含对落后国家的资本与技术援助、开放政策的灵活性和对国内产业的保护等内容，该类议题既包括维护本国网络信息主权、社会主权和个人的数据信息安全，合理兼顾包容审慎的原则，强化网络安全审查和数据安全监督，又包括对数字经济弱国进行支援，弥合与发达经济体之间的数字鸿沟，推动全球数字经济产业更加均衡地发展。安全与发展的平衡与协调，将是全球数据跨境流动治理法制化取得进展的关键。②

---

①② 谢卓君，杨署东. 全球治理中的跨境数据流动规制与中国参与 —— 基于 WTO、CPTPP 和 RCEP 的比较分析 [J]. 国际观察，2021（5）：98－126.

二、全球数字贸易规则发展水平的测度

本书对全球数字贸易规则进行测度的原始数据来源于瑞士卢塞恩大学发布的数字贸易条款数据库（Trade Agreements Provisions on Electronic Commerce and Data，TAPED），TAPED 数据库涵盖了 2000 年以来全球范围内缔结的 350 多个优惠贸易协定，共涉及数字贸易、货物贸易、关键服务部门、知识产权等方面的 105 项数字贸易相关条款。本书将 TAPED 数据库所涉及的数字贸易相关条款进行遴选和分类，构建数字贸易规则评价体系，量化分析我国与各 RTA 缔约国（地区）之间的数字贸易规则深度水平。

本书提及的数字贸易规则深度的具体条款范围包括出现最多、影响力最大、可执行性最强的 50 项核心条款，基本涵盖我国签署实施 RTA 的全部数字贸易条款的内容。从规则异质性角度出发，将各项条款归纳为三大类，分别是开放类规则（$open_{ijt}$）、监管类规则（$regu_{ijt}$）和安全与发展类规则（$sede_{ijt}$），并在此基础上进一步细分为 6 个二级指标和 21 个三级指标，具体内容见附录附表 1。

TAPED 数据库依据对缔约方规制力度的强弱，将每一项具体条款包含的信息进行量化处理，由低到高分别赋予 0 ~ 3 分，若 RTA 协议不包括该项条款，得分为 0 分；如果提及该项条款，且该项条款对签署各方不具有约束性质的义务，赋 1 分，如条款的表述都是"尽最大努力""应该"等"软性"约束，在不执行的情况下对方也不会要求索赔；如果该项条款在同一议题兼具硬约束力和软约束力的混合义务表述，赋 2 分；若该项条款对成员方应尽的义务全部具有"硬"约束，并明确违约责任，计 3 分，条款使得缔约方"必须"遵守该规定，并在法律上强制执行，否则提出索赔。

本书参考彭羽等的方法，[①] 计算得到数字贸易规则总深度水平和各类

---

① 彭羽，杨碧舟，沈玉良. RTA 数字贸易规则如何影响数字服务出口——基于协定条款异质性视角 [J]. 国际贸易问题，2021，460（4）：110 – 126.

规则的深度水平。具体步骤如下：根据指标评价体系，对三级指标所包含的每项具体条款得分进行加总平均，得到各三级指标得分；再将每个二级指标对应的三级指标分项得分进行加总平均，得到二级指标分项得分，以此类推，最终得到三类规则的深度水平，计算方法见式（4－1）。其中，$Target_{l+1}$ 表示高层级的指标得分，$Target_l$ 表示次一级的指标得分，n 表示该高层级指标下包含的次一级指标数量。

$$Target_l = \frac{\sum_1^n Target_{l+1}}{n}(l = 1, 2, 3) \qquad (4-1)$$

最后将三类规则得分进行算数平均，得到数字贸易规则总深度水平 rta_{ijt}，具体方法见式（4－2）。

$$rta_{ijt} = \frac{open_{ijt} + regu_{ijt} + sede_{ijt}}{3} \qquad (4-2)$$

三、全球数字贸易规则博弈的主要阵营

目前全球尚未建立统一且权威的数字贸易规则体系，[1] 因此 RTA 成为数字贸易规则谈判和制定的重要载体和主要场所，[2] 全球主要经济体纷纷以 RTA 为主要平台，构建符合自身利益的数字贸易规则体系。[3] WTO 一半以上成员国参与的 RTA 都包括非歧视待遇、市场准入承诺、关税问题及其他非关税措施、电子认证与签名、互惠原则等内容。[4] 但是，由于在数字服务贸易的诉求和政策立场上存在差异，各国在跨境数据流动和数据

---

[1] 陈维涛，朱柿颖. 数字贸易理论与规则研究进展 [J]. 经济学动态，2019，703 (9)：114－126.

[2] 吴宇枫. 区域数字贸易规则对数字服务贸易的影响研究 [D]. 南昌：江西财经大学，2022.

[3] 陈寰琦. 签订"跨境数据自由流动"能否有效促进数字贸易——基于 OECD 服务贸易数据的实证研究 [J]. 国际经贸探索，2020，36 (10)：4－21.

[4] Ines Willemyns. Agreement Forthcoming? A Comparison of EU, US, and Chinese RTAs in Times of Plurilateral E-Commerce Negotiations [J]. Journal of International Economic Law, 2020 (1)：221－244.

本地化、算法源代码、数字经济税收等关键条款的谈判中存在很大分歧,[1] 全球在数字贸易规则体系呈现出明显的"碎片化"特征。[2] 发达经济体和发展中经济体仅在无纸化贸易、降低数字产品关税、推进跨境服务贸易便利化等争议较小的领域达成了较为一致的意见,[3] 在数据要素、市场空间、监管治理、技术开发与收益分配等方面的利益诉求依然存在很大差异,[4] 南北立场的分歧导致许多数字贸易规则谈判效率较低且难以达成共识。

目前,全球数字贸易规则博弈主要在以美国、欧洲和新兴经济体为代表的三大阵营进行。[5] 三大阵营的博弈焦点主要体现在跨境数据流动、源代码存储本地化和个人隐私保护方面。

美国在数字贸易规则上强调跨境数据的自由流动,企图通过跨境数据无障碍流动来维持本国数字经济优势和保持数字贸易领域的领导地位,[6] "美式模板"以 TPP/CPTPP、USMCA 和 UJDTA 为代表性协议,[7] 对跨境数据自由流动和数字知识产权保护等议题十分看重,[8] "美式模板"下的贸易协定文本经过不断升级,目前在投资章、电子商务章、知识产权章、信息技术合作章与跨境服务贸易章等都进行了深入探讨。[9]

欧盟倡导的数字贸易规则体系强调个人数据保护和维护数据主权,因

① 石静霞. 数字经济背景下的 WTO 电子商务诸边谈判: 最新发展及焦点问题 [J]. 东方法学, 2020, 74 (2): 170 – 184.

② 韩剑, 蔡继伟, 许亚云. 数字贸易谈判与规则竞争——基于区域贸易协定文本量化的研究 [J]. 中国工业经济, 2019, 380 (11): 117 – 135.

③ 夏融冰, 尹政平. 中国参与全球数字贸易治理——基于亚太地区规则合作的机遇与挑战 [J]. 国际经济合作, 2023, 421 (1): 51 – 59.

④ 岳云嵩, 霍鹏. WTO 电子商务谈判与数字贸易规则博弈 [J]. 国际商务研究, 2021, 42 (1): 73 – 85.

⑤ 陈寰琦. 国际数字贸易规则博弈背景下的融合趋向——基于中国、美国和欧盟的视角 [J]. 国际商务研究, 2022, 43 (3): 85 – 95.

⑥ Gao H. Digital or Trade? The Contrasting Approaches of China and US to Digital Trade [J]. Journal of International Economic Law, 2018, 21 (2): 297 – 321.

⑦ 朱雪婷, 王宏伟. 全球数字贸易规则博弈态势与焦点 [J]. 技术经济, 2022, 41 (4): 86 – 93.

⑧ 周念利, 陈寰琦. RTAs 框架下美式数字贸易规则的数字贸易效应研究 [J]. 世界经济, 2020, 43 (10): 28 – 51.

⑨ 李杨, 陈寰琦, 周念利. 数字贸易规则"美式模板"对中国的挑战及应对 [J]. 社会科学文摘, 2016, 12 (12): 58 – 59.

此更具有防御性。"欧式模板"十分强调"视听例外"和"隐私保护",[①]其政策主张主要体现在若干区域法案中,例如强调个人数据保护的《通用数据保护条例》、规范数据市场和维护网络安全的《数字市场法案》和《数字服务法案》。[②] 具体来看,目前欧式模板主要存在四个特征,分别是缺乏完整成熟的规则文本体系、重点关注知识产权保护和信息与通信技术合作、严格把控"视听例外"和"隐私保护"等关键领域、根据缔约方比较优势的强弱来改变"出价"。[③]

以我国为代表的新兴经济体阵营在数字贸易规则上始终坚持公平公正导向,坚持在尊重主权和保护数据安全的基础上为开展数字贸易活动创造更多的机制选择。[④] 我国对数字贸易规则核心议题的立场主要体现在RCEP中。RCEP新增了跨境数据流动、计算设施非本地化、网络安全和非应邀商业电子信息等内容,我国在上述条款上也作出高水平承诺。这说明我国不断向高标准数字贸易规则看齐。但是目前我国数字贸易规则体系仍存在一些不足之处,主要包括两方面:第一,数字规则起步较晚,涵盖电子商务专章的RTA数量较少;第二,数字贸易规则主要集中在跨境电商贸易便利化规则上,规则种类较为单一。[⑤]

第三节　案例分析:数字贸易规则对我国数字服务出口的影响

本部分以我国数字服务出口为例,探讨数字贸易规则对数字贸易的影响,目的在于两点:其一,通过计量方法研究数字贸易规则是否对数字服

---

① 吴希贤. 亚太区域数字贸易规则的最新进展与发展趋向 [J]. 国际商务研究,2022,43 (4):86-96.

②⑤ 盛斌,陈丽雪. 区域与双边视角下数字贸易规则的协定模板与核心议题 [J]. 国际贸易问题,2023,481 (1):19-35.

③ 周念利,陈寰琦. 数字贸易规则"欧式模板"的典型特征及发展趋向 [J]. 国际经贸探索,2018,34 (3):96-106.

④ 赵龙跃,高红伟. 中国与全球数字贸易治理:基于加入 DEPA 的机遇与挑战 [J]. 太平洋学报,2022,30 (2):13-25.

务贸易有影响；其二，如有影响，分析不同类型规则对我国数字服务出口影响的差异。

一、我国对 RTA 对象国（地区）的数字服务出口

本书的研究对象为我国对 22 个共同签署 RTA 的国家（地区）的数字服务出口值，其中 RTA 对象国（地区）包括 8 个发达经济体和 14 个发展中经济体，图 4-2 统计了 2010~2019 年我国对上述 22 个经济体的数字服务出口总额及其在我国数字服务出口总额中的占比。可以看出，2011 年我国对 22 个经济体的出口总额开始超过 200 亿美元，占我国数字服务出口总额的 1/3 以上；2019 年我国对该 22 个经济体的出口总额开始超过 500 亿美元，占比高达 37.27%。无论是我国对这 22 个经济体的数字服务出口总额还是我国对这些经济体出口占出口总额的比重，都有继续上涨的趋势，因此本书选取的研究对象比较具有代表性。

图 4-2 我国对 RTA 签署国（地区）数字服务出口情况

资料来源：根据 UNCTAD 数据库整理得到。

2010~2019 年，我国六大数字服务部门对 22 个 RTA 签署国（地区）

的数字服务出口均有不同程度的增长，具体情况如表 4 – 2 所示。其中，"个人文化娱乐服务"和"知识产权服务"的年均增长率最高，分别为30.59% 和28.54%，这可能是因为这两个数字服务部门出口总额相对较少，因此即使出口增幅相对较低，也可能会引起增长率的大幅提升。我国在"其他商业服务"和"电子、计算机和信息服务"的出口规模是最高的，2019 年约占数字服务总出口额的85%，这表明我国的"其他商业服务"和"电子、计算机和信息服务"在国际市场上具有显著的竞争优势和出口规模，同时也表明我国的贸易结构相对简单。其中，"其他商业服务"出口额最高，但是增速在六大数字服务部门是最低的，仅为8% 左右，表明"其他商业服务"缺乏发展动力，增长乏力；"电子、计算机和信息服务"是六大数字服务部门中的第二大出口部门，在数字服务出口总额中占比上升最快，2010 年仅占14.97%，2019 年达到31.75%，这一时期"电子、计算机和信息服务"在六大部门中的比重增长约20%，发展势头猛烈，发展前景广阔，"保险养老金服务"和"金融服务"出口规模均较小，年均增长率仅为12%。

二、我国所签署 RTA 的数字贸易规则水平

我国参与 RTA 的时间较晚，但是发展迅速，这说明我国积极参与RTA 谈判与数字贸易规则的制定，以拓展双边或多边经济发展与经贸合作，实现互利共赢。我国的自贸伙伴分布广泛，虽然早期的 RTA 合作伙伴集中在亚太地区，但是近年来开始向全球拓展，目前已遍布亚洲、欧洲、大洋洲、拉丁美洲和非洲，但尚未与北美洲建立自贸协定；我国的缔约对象主要为发展中经济体，但是我国逐渐将韩国、瑞士、澳大利亚等发达经济体纳入 RTA 合作中，具体的签署国（地区）如表 4 – 3 所示。

表 4-2　我国各数字服务部门对 RTA 签署国（地区）出口情况

部门	出口情况	2010年	2011年	2012年	2013年	2014年	2015年	2016年	2017年	2018年	2019年
全部服务部门	出口额（亿美元）	191.1	254.7	253.7	293.8	360.8	339.4	339.3	372.6	483.3	535.0
	增长率（%）	—	33.3	-0.4	15.8	22.8	-5.9	0.0	9.8	29.7	10.7
	年均增长率（%）					12.12					
保险养老金服务	出口额（亿美元）	9.3	16.4	18.3	22.3	25.8	28.6	22.2	21.7	26.9	26.6
	增长率（%）	—	77.1	11.6	21.8	15.4	10.8	-22.1	-2.6	24.3	-1.4
	年均增长率（%）					12.40					
金融服务	出口额（亿美元）	7.3	4.6	10.3	17.5	25.2	13.2	16.0	19.3	18.5	21.2
	增长率（%）	—	-36.5	123.2	70.0	44.0	-47.9	21.7	20.2	-4.2	14.7
	年均增长率（%）					12.61					
知识产权服务	出口额（亿美元）	3.1	2.8	4.0	3.5	2.7	4.4	4.9	20.4	24.2	29.6
	增长率（%）	—	-9.7	44.1	-13.9	-23.4	64.5	12.2	316.4	18.7	22.5
	年均增长率（%）					28.54					
电子、计算机和信息服务	出口额（亿美元）	28.6	39.3	46.8	50.4	60.7	79.0	79.8	82.6	144.9	169.9
	增长率（%）	—	37.5	18.9	7.8	20.5	30.1	0.9	3.6	75.3	17.3
	年均增长率（%）					21.88					

续表

部门	出口情况	2010 年	2011 年	2012 年	2013 年	2014 年	2015 年	2016 年	2017 年	2018 年	2019 年
其他商业服务	出口额（亿美元）	142.4	191.0	173.8	199.5	245.7	211.4	213.6	225.7	264.0	282.8
	增长率（%）	—	34.2	-9.1	14.8	23.1	-14.0	1.0	5.7	17.0	7.1
	年均增长率（%）						7.92				
个人文化娱乐服务	出口额（亿美元）	0.5	0.5	0.5	0.6	0.7	2.9	2.8	2.9	4.9	5.0
	增长率（%）	—	0.0	4.4	23.4	19.0	314.5	-2.1	5.0	66.3	1.6
	年均增长率（%）						30.59				

资料来源：根据 WTO-OECD BaTIS 数据库整理得到。

表4-3　　　　　　　　　我国已生效的 RTA（不含升级版 RTA）

RTA 名称	签订日期	生效日期
亚太贸易协定（APTA） （中国 2001 年加入）	2001.5.23	1975.6.17（货物）/2013.9.17（服务）
中国 - 东盟 FTA	2002.11.4	2005.1.1（货物）/2007.7.1（服务）
中国 - 中国香港 FTA	2003.6.29	2003.6.29
中国 - 中国澳门 FTA	2003.10.17	2003.10.17
中国 - 智利 FTA	2005.12.21	2006.10.1（货物）/2010.8.1（服务）
中国 - 巴基斯坦 FTA	2006.11.24	2007.7.1（货物）/2009.10.10（服务）
中国 - 新西兰 FTA	2008.4.7	2008.10.1
中国 - 新加坡 FTA	2008.10.23	2009.1.1
中国 - 秘鲁 FTA	2009.4.28	2010.3.1
中国 - 哥斯达黎加 FTA	2010.4.28	2011.8.1
中国 - 冰岛 FTA	2013.4.16	2014.7.1
中国 - 瑞士 FTA	2013.7.8	2014.7.1
中国 - 韩国 FTA	2015.6.1	2015.12.20
中国 - 澳大利亚 FTA	2015.6.17	2015.12.20
中国 - 格鲁吉亚 FTA	2017.5.15	2018.1.1
中国 - 毛里求斯 FTA	2019.10.17	2021.1.1
中国 - 柬埔寨 FTA	2020.10.12	2022.1.1
RCEP	2020.11.15	2022.1.1

资料来源：根据 WTO-RTAs 数据库、TAPED 数据库、中国自由贸易区服务网整理得到。

数字贸易规则的深度水平和覆盖程度代表了该项 RTA 的发展水平，表4-4提供了本书所研究的 14 个 RTA 深度水平和覆盖程度的统计数据，其中深度水平越接近3，说明该项 RTA 深度越大；覆盖程度越接近1，说明该项 RTA 条款覆盖率越大。结果显示，我国 RTA 数字贸易规则深度水平和覆盖程度总体上处于相对较低的水平，但是近年来均有所提升，这意味着我国数字贸易规则较为保守，但是不断向高标准数字贸易规则看齐。此外，我国 RTA 还展现出较强的时间趋势和地理特征，从时间上看，我国新近达成的 RTA 在数字贸易规则对伙伴之间提出了更高的要求且条款覆盖范围更广，中国最早达成的中国－东盟 FTA、中国－中国香港 FTA、中国－中国澳门 FTA 在深度和广度水平上均低于近年来新达成的 RTA，例如中国－澳大利亚 FTA、中国－韩国 FTA。RCEP 作为我国最新签署并生效的 RTA，无论是在规则深度水平还是条款覆盖率上，在我国所有 RTA 中均是最高的，这代表我国在 RTA 构建中不断向高标准规则靠拢；从地理上看，虽然我国 RTA 的伙伴在全球分布广泛，但是我国更倾向于与邻近的国家（地区）达成更高标准的 RTA；新西兰、秘鲁、哥斯达黎加等国家距离中国较远，中国－新西兰 FTA、中国－秘鲁 FTA 等 5 项 RTA 并未涉及本书所统计的 50 项核心条款，数字贸易规则深度和广度较低，中国－格鲁吉亚 FTA 深度水平和覆盖程度也低于同期 RTA 平均水平。

表 4－4　　　　　　　　我国所签署 RTA 的数字贸易规则水平

RTA 名称	深度水平				覆盖程度			
	总体	开放类	监管类	安全发展类	总体	开放类	监管类	安全发展类
中国－东盟 FTA	0.05	0.02	0	0.13	0.06	0.04	0	0.2
中国－中国香港 FTA	0.13	0.13	0	0.25	0.13	0.14	0	0.2
中国－中国澳门 FTA	0.13	0.13	0	0.25	0.13	0.14	0	0.2
中国－智利 FTA	0.42	0.38	0.5	0.38	0.31	0.29	0.4	0.3
中国－新西兰 FTA	0	0	0	0	0	0	0	0
中国－秘鲁 FTA	0	0	0	0	0	0	0	0
中国－哥斯达黎加 FTA	0	0	0	0	0	0	0	0
中国－冰岛 FTA	0	0	0	0	0	0	0	0
中国－瑞士 FTA	0	0	0	0	0	0	0	0
中国－韩国 FTA	0.74	0.64	0.38	1.21	0.46	0.46	0.3	0.6
中国－澳大利亚 FTA	1.32	0.8	2.13	1.03	0.54	0.46	0.8	0.5
中国－格鲁吉亚 FTA	0.1	0.18	0	0.13	0.1	0.11	0	0.2
中国－毛里求斯 FTA	0.72	0.6	0.5	1.03	0.42	0.39	0.4	0.5
RCEP	1.33	1.15	0.92	1.93	0.65	0.57	0.6	0.9
平均	0.35	0.29	0.32	0.45	0.2	0.19	0.18	0.26

资料来源：根据 TAPED 数据库计算得到。

从规则内容上看，无论是深度水平还是覆盖程度，安全和发展类规则都是最高的，安全类规则主要包括网络安全、数据流动安全等条款；发展类规则主要包括促进中小企业发展、促进电子商务领域合作等。这也从侧面体现出我国首要利益诉求为平衡安全和发展的关系，既要保障数据安全和网络主权、维护公共利益，又要减少与发达国家之间的数字鸿沟。我国开放类规则中的贸易促进条款和监管类规则中的隐私保护条款也被赋予较高的深度和广度，其中贸易促进条款主要包括 WTO 规则中的一般规定、市场准入、电子交易框架、贸易便利化与物流、内部税的特定排除等，隐私保护条款主要包括对消费者的保护和对个人信息的保护。我国在开放类规则中数据流动类深度水平最低，具体表现在政府数据开放、源代码、算法和加密、数据自由流动等条款的开放水平较低；同时我国对监管类规则中网络监管等数字治理议题的重视程度较低，仍有很大的探索空间。

三、数字贸易规则对我国数字服务出口影响的实证研究

（一）模型构建、变量和数据来源

本书使用最小二乘虚拟变量法（LSDV），借助贸易引力模型研究参与数字贸易规则对我国数字服务出口的影响。考虑到我国对少数国家（地区）数字服务出口规模（EX_{it}）存在贸易零值，本书采取 $\ln(EX_{it}+1)$ 处理，以保持数据完整性和稳定性，得到基准模型如式（4-3）所示。

$$\ln(EX_{it}+1) = \beta_0 + \beta_1 rta_{ijt} + \beta_2 \ln GDP_{it} + \beta_3 \ln GDP_{jt} + \beta_4 \ln Dist_{ij}$$
$$+ \beta_5 Compos_{ij} + \beta_6 Comlang_{ij} + \beta_7 Contig_{ij} + \alpha_i + \gamma_t + \varepsilon_{ijt}$$

$$(4-3)$$

其中，$\ln$ 表示对变量取自然对数；下标 i 代表数字服务出口目标国（地区），j 代表我国，t 代表年份；被解释变量 EX_{it} 表示在 t 年中国对 i 国（地区）数字服务出口额（百万美元）；核心解释变量 rta_{ijt} 为数字贸易规则深度指数，用以衡量数字贸易规则的总体深度水平；控制变量中

包含了经典引力模型通用的解释变量，主要有 i 国（地区）和我国 j 的国内生产总值（GDP_{it}、GDP_{jt}）、我国与出口目标国（地区）之间的地理距离（$Dist_{ij}$）、我国和出口目标国（地区）j 是否拥有共同的法律渊源（$Compos_{ij}$）、是否使用共同语言（$Comlang_{ij}$）、是否接壤（$Contig_{ij}$）。模型中还引入 α_i 和 γ_t 分别代表出口目标国（地区）固定效应和年份固定效应，其中 α_i 用来控制出口目标国（地区）不随时间变化的贸易特征差异，γ_t 用来控制贸易中的时间趋势和影响特定年份的外部经济事件；β_0 代表常数项，$\beta_1 \sim \beta_7$ 为待估参数，ε_{ijt} 为随机扰动项。

为进一步检验不同维度的数字贸易规则对我国数字服务贸易出口是否存在异质性影响，本书分别构建开放规则指标（$open_{ijt}$）、监管规则指标（$regu_{ijt}$）、安全和发展规则指标（$sede_{ijt}$）三类细分指标替换核心解释变量 rta_{ijt}，得到计量模型如式（4-4）至式（4-6）所示。

$$\ln(EX_{it} + 1) = \beta_0 + \beta_1 open_{ijt} + \beta_2 \ln GDP_{it} + \beta_3 \ln GDP_{jt} + \beta_4 \ln Dist_{ij}$$
$$+ \beta_5 Compos_{ij} + \beta_6 Comlang_{ij} + \beta_7 Contig_{ij} + \alpha_i + \gamma_t + \varepsilon_{ijt}$$
$$(4-4)$$

$$\ln(EX_{it} + 1) = \beta_0 + \beta_1 regu_{ijt} + \beta_2 \ln GDP_{it} + \beta_3 \ln GDP_{jt} + \beta_4 \ln Dist_{ij}$$
$$+ \beta_5 Compos_{ij} + \beta_6 Comlang_{ij} + \beta_7 Contig_{ij} + \alpha_i + \gamma_t + \varepsilon_{ijt}$$
$$(4-5)$$

$$\ln(EX_{it} + 1) = \beta_0 + \beta_1 sede_{ijt} + \beta_2 \ln GDP_{it} + \beta_3 \ln GDP_{jt} + \beta_4 \ln Dist_{ij}$$
$$+ \beta_5 Compos_{ij} + \beta_6 Comlang_{ij} + \beta_7 Contig_{ij} + \alpha_i + \gamma_t + \varepsilon_{ijt}$$
$$(4-6)$$

本书通过构建数字贸易规则深度指标考察数字贸易规则对我国数字服务出口的影响。样本选取的时间区间为 2005～2019 年，研究对象为我国对共同签署 RTA 的 22 个国家及地区的数字服务贸易出口值。截至 2020 年 1 月 1 日，中国与 24 个经济体共签署 17 份涉及服务贸易的自由贸易协定，考虑到数据的可获取性，最终选择中国与其余 22 个经济体签署并生效的

14 份 RTA 作为核心解释变量。[①]

本书的被解释变量 EX_{it} 指我国对区域贸易伙伴的数字服务贸易出口规模，以百万美元计价，具体的细分行业筛选标准参考 UNCTAD 对数字服务贸易的分类，即保险和养老金服务、金融服务、知识产权许可收费服务、电信、计算机和信息服务、个人娱乐服务、其他商业服务（包括研发服务、专业管理咨询服务），原始数据来源于 WTO 统计数据库。

核心解释变量数字贸易规则总指标 rta_{ijt} 为赋值变量，若 RTA 已签订并生效，则按照前文所述测算方法计算指标得分。不仅如此，除计算 rta_{ijt}，本书还分别通过构建开放规则指标（$open_{ijt}$）、监管规则指标（$regu_{ijt}$）、安全和发展规则指标（$sede_{ijt}$）3 个维度的分项指标作为细分变量，分别纳入模型进行回归分析。数字贸易规则的原始数据来自 TAPED 数据库，目前已有研究大多认为 RTA 的签署对双边服务贸易发展具有促进作用，因此本书对 rta_{ijt} 及 $open_{ijt}$、$regu_{ijt}$、$sede_{ijt}$ 的系数预期均为正。主要变量的描述性统计情况详见表 4 – 5。

表 4 – 5　　　　　　　　　　主要变量的描述性统计

变量	观测数目	平均值	标准差	最小值	最大值	数据来源
被解释变量						
$\ln EX_{it}$	330	4.858	2.282	0	10.285	WTO 数据库
核心解释变量						
rta_{ijt}	330	0.083	0.195	0	1.317	TAPED 数据库
$open_{ijt}$	330	0.059	0.144	0	0.800	TAPED 数据库
$regu_{ijt}$	330	0.059	0.279	0	2.125	TAPED 数据库
$sede_{ijt}$	330	0.130	0.201	0	1.213	TAPED 数据库

———————

① 包括澳大利亚、冰岛、韩国、瑞士、新加坡、新西兰、中国香港、中国澳门、文莱、印度尼西亚、越南、智利、缅甸、老挝、泰国、菲律宾、柬埔寨、马来西亚、秘鲁、毛里求斯、哥斯达黎加和格鲁吉亚。

续表

变量	观测数目	平均值	标准差	最小值	最大值	数据来源
控制变量						
$\ln GDP_{it}$	330	25.353	1.618	21.730	28.176	WDI 数据库
$\ln GDP_{jt}$	330	29.595	0.573	28.458	30.290	WDI 数据库
$\ln Dist_{ij}$	330	8.495	0.752	6.862	9.856	CEPII 数据库
$Compos_{ij}$	330	0.136	0.344	0	1	CEPII 数据库
$Comlang_{ij}$	330	0.181	0.386	0	1	CEPII 数据库
$Contig_{ij}$	330	0.227	0.420	0	1	CEPII 数据库

资料来源：STATA 统计输出。

（二）基准回归结果和稳健性检验

基准回归结果显示，模型整体拟合较好，具备一定的解释力，详细结果见附录附表2。核心解释变量数字贸易规则以及三类细分指标的回归系数均在99%的置信区间正向显著，与预期系数符号一致。其中，数字贸易规则总指标的回归系数为0.11，说明区域数字经济规则深度的提升将促进我国对缔约伙伴的数字服务出口。具体来看，数字贸易规则深度增加1个单位，潜在数字服务出口规模将增加11%，这主要是因为：第一，数字贸易规则使各方树立共同的政策目标，数字贸易规则深度的提高促进了我国与出口目标国（地区）之间政策的一致性和监管的协同性，降低了因监管政策差异导致的贸易成本；[①] 第二，数字贸易规则深度越大，出口目标国对我国设置的数字贸易壁垒可能就会越低，从而促进了数字服务贸易的自由化和便利化，有利于我国与其他国家（地区）更好地开展数字服务跨境合作；第三，数字贸易规则深度的提高会使我国在出口目标国（地区）享受更多的贸易优惠政策，提高我国企业数字服务出口意愿；第四，数字贸易规则是签署各方依照本国利益最大化原则相互博弈的结果，RTA 中所涉

---

① 陈松，常敏．数据规则如何影响数字服务出口——基于贸易成本的中介效应分析 ［J］．浙江学刊，2022，253（2）：88－98．

及的如针对各国国内基础设施或制度环境所采取的措施,对区域内数字服务贸易也是有利的。因此,数字贸易规则深度的提升有利于促进我国数字服务出口的增加。

更进一步地,就不同类型的数字贸易规则而言,三个维度的细分规则均促进了我国数字服务出口规模的提升,但是促进效应呈现出一定的差异性。开放类规则产生的贸易促进效应最大,是最能促进我国数字服务出口增加的规则类型,开放类规则深度每增加1单位,将使我国数字服务出口平均增加18%左右。数字产业发展依赖于数据的驱动,而数字贸易必然带来数据的跨境流动,开放类规则倡导建立自由且开放的数字服务贸易市场,主张实行自由的跨境数据流动和严格的数据非本地化,由于数据的充分自由流动是繁荣数字贸易和实现经济增长的关键性条件,因此开放类规则必然会促进数字服务出口的增加。但是,开放类规则在个人隐私保护上更加强调行业自律,避免不必要的安全措施,主张各国营造相对宽松的数据监管环境,这可能导致数据泄露、数据滥用等系统性风险出现。① 一般来说,开放类规则对跨境数据流动的限制最低,而且对跨境数字贸易带来的正向促进作用往往大于其导致的风险,因此开放类规则对数字服务跨境贸易的推动作用往往是最强的。

监管类规则的回归系数最小,说明其对我国数字服务出口的促进效应最弱。监管类规则强调对数据的严格掌控,呼吁执行数字监管政策以保护公众的数据权益,特别是要求对互联网平台企业进行强有力的规制,这在一定程度上增加了非本土企业的合规成本和经营成本,限制了外国企业在本土市场的扩张,数据的流动同样会受到较强限制,不利于数字服务贸易规模的增加;但是由于监管类规则营造了较为严格的监管环境,有利于帮助建立安全的数据市场和社会信任机制,更能促进区域内数字服务贸易的合作。因此,监管类规则使政府加强数字监管,能够更好地维护社会数据权益和互联网安全,促进数据安全传输,有利于增强我国的数字服务出

---

① 王伟玲. 数据跨境流动系统性风险:成因、发展与监管 [J]. 国际贸易,2022,487 (7):72 - 77.

口，而且，如果这种积极作用能够抵消由于规范企业经营行为额外付出的成本，那么监管类规则对我国数字服务出口就会起到显著的促进作用。

安全和发展类规则对我国数字服务出口的促进作用介于开放类规则和监管类规则之间。安全和发展类规则旨在国家安全和经济发展之间寻求一种平衡。"安全"规则将保护本国网络信息安全和公共利益放在首位，要求对跨境数据流动和数据存储行为进行有效规制，既要尽量阻止关键数据和敏感数据泄露，也要防止外来网络入侵和威胁，维护数据掌控权、网络主权和国家数据主权；同时，"发展"的理念使各经济体在保证国家（地区）网络信息安全的前提下发展本国（地区）数字产业，帮助他们利用新一代信息通信技术进行商业模式创新，提升产品国际竞争力和开拓新的市场渠道，并在发展中解决数字市场开放不足、公众数据权利保护不力等问题。安全和发展类规则不支持完全开放本国（地区）市场，但是也不倡导"数据保护主义"或"数据民族主义"政策，因而对我国数字服务出口的促进作用低于开放类规则，但是高于监管类规则。

为了验证指标选择和模型设定是否具有稳健性，本书通过更换核心解释变量、更换回归方法的方式进行检验；另外，由于测量误差、遗漏变量以及反向因果等原因，计量模型可能存在内生性问题，这将使解释变量的回归系数有偏，因此拟通过加入前置核心解释变量、滞后效应检验、使用工具变量等方法克服内生性问题。具体而言，在更换核心解释变量方面，本书采用两种新的方法对数字贸易规则进行测度，一是选择数字贸易规则二元虚拟变量代替核心解释变量进行回归；二是采用覆盖领域（Area Covered，AC）条款计分法计算区域数字经济规则广度指标，结果见附录附表3。在更换回归方法方面，本书重新选择 Tobit 模型和 PPML 模型两种贸易效应研究的经典模型，结果见附录附表4。在内生性方面，对于遗漏变量，本书一是使用平衡面板数据进行回归，二是加入若干控制变量以及贸易伙伴国（地区）固定效应和年份固定效应对非时变因素进行控制。对于测量误差，本书将对数字贸易规则相关条款进行量化处理来替代传统的 RTA 虚拟变量，并引入三类细分规则作为核心解释变量；对于反向因果，本书一是加入前置一期的核心解释变量，二是将时变变量进行滞后一期处理，本书的核心解释变量以及 GDP 等控制变量均为时变变量，结果见附录附表 5。内生性检验表明在缓解了由于反向因果导致的内生性问题后，数字贸易规则对我国数字服务出口依然表现出显著的促进作用，即本书的结论是稳健的。

虽然上述操作在一定程度上缓解了内生性问题，但是本书不能排除仍有其他内生性问题。考虑到贸易流量具有高度持续性和动态相关性，即上一期出口流量可能会对下一期出口流量造成影响，因此本书使用工具变量法对模型进行内生性检验，建立系统广义矩（GMM）动态面板模型，将我国数字服务出口流量的一阶滞后项作为工具变量纳入模型，结果见附录附表 6。结果显示，本书工具变量的选择是合理的，而且使用动态 GMM 模型控制内生性是有效的。

（三）异质性分析

从总体上看，数字贸易规则及三类细分规则深度对我国数字服务贸易流量的出口均有显著的促进作用。那么，就不同的国家（地区）和行业而言，这种贸易促进效果是否存在差异？本部分从数字服务部门和出口目标国（地区）两个角度分析数字贸易规则对数字服务贸易的促进效果在数字服务六大细分行业与不同经济发展水平的出口目标国（地区）中是否存在异质性。

本书将我国数字服务出口额 EX_{it} 分别替换为六大数字化服务的出口额，作为被解释变量纳入模型依次进行回归，并考察数字贸易规则对六大服务部门的异质性影响，相应检验结果见附录附表 7。结果显示，数字贸易规则对"知识产权服务"和"个人文化和娱乐服务"的正向影响最大，数字贸易规则深度每增加 1 个单位，将分别带来"知识产权服务""个人文化和娱乐服务"的出口规模约 104.2%、81.2%的增加。相比之下，数字贸易规则对"其他商业服务"的促进作用较微弱，数字贸易规则深度每增加 1 个单位，仅使"其他商业服务"的出口规模提高 7.8%。

本书依据联合国的分类标准将 22 个样本国家（地区）分为发达经济体和发展中经济体两组，以研究数字贸易规则在我国对不同发展水平经济体的数字服务出口中是否具有不同的贸易效应，回归结果见附录附表8。从回归系数的大小来看，无论是数字贸易规则总深度，还是开放类规则、监管类规则与安全和发展类规则，都对我国向发展中国家（地区）出口数字服务产品的促进作用更加明显。这说明当我国与发展中国家（地区）缔结更高水平的数字贸易规则时，对我国数字服务出口的促进效应更强。

（四）实证结论

第一，数字贸易规则深度的提高对我国数字服务出口有显著的促进作用，且不同细分规则的贸易促进效应存在异质性。本书将数字贸易规则主要分为三类，分别是开放类规则、监管类规则与安全和发展类规则。回归结果显示，数字贸易规则和三类细分规则深度的提高都显著促进了我国数字服务出口，从三类细分规则来看，开放规则的正向影响最大，安全和发展规则的影响次之，监管规则的促进作用最小，统计上均显著。在稳健性检验中，本书通过更换核心解释变量、更换回归方法和内生性检验得到了相似的结论，因此证明了基准回归结果具有较强的稳健性。

第二，数字贸易规则对不同数字服务部门的出口都有促进作用，但是影响程度有所不同。其中，知识产权许可收费服务、个人娱乐服务受到的正向影响最大，个人金融服务和保险养老金服务出口次之，电信、计算机和信息服务及其他商业服务（研发服务、专业管理咨询服务等）受到的正向促进作用相对较小。从我国对 RTA 缔约方的数字服务出口数据可以看到，我国在电信、计算机和信息服务行业的出口规模最大，其次是金融服务行业和保险养老金行业，知识产权服务和个人娱乐服务行业最小。结合回归结果，本书认为对于电信、计算机和信息服务等出口规模大的部门，数字贸易规则对其出口的促进作用就会相对较小，但是对于知识产权服务、个人娱乐服务等出口规模较小的部门，数字贸易规则的促进作用就会相对变大。

第三，数字贸易规则在我国对不同发展水平经济体的数字服务出口中均具有促进作用。具体来看，相比于发达经济体，我国与发展中经济体之间建立更高水平的数字贸易规则对我国数字服务出口的正向影响更大。

第五章　全球数字基建投资竞争与发达国家数字基建规则扩张

数字经济的发展需要适配的数字基础设施作为支撑。近年来，美国、日本及欧洲的发达国家纷纷推出宏大的全球基础设施投资计划，掀起了大国基建竞争浪潮。2018 年，美国联合日本和澳大利亚提出"印太基建构想"；2019 年，美国发起"蓝点网络"（Blue Dot Network）计划；2021 年12 月，欧盟提出"全球门户"（Global Gateway）计划，称将在 2021 年到2027 年筹措 3000 亿欧元投资全球基础设施，实现"智慧的、可持续的、可信任的全球互联互通"；在 2021 年和 2022 年的七国集团（G7）峰会上，美国提出"重建更美好世界"（Build Back Better World，B3W）和"全球基础设施和投资伙伴关系"（Partnership for Global Infrastructure and Investment，PGII）倡议。在上述全球基建投资倡议中，数字基础设施都是重中之重。这就触及一些核心问题：美国、日本等发达国家为何如此积极地推动全球数字基础设施投资？这种投资究竟能给发达国家带来哪些利益？发达国家又能在多大程度上获得这些利益？对这些问题的解答必须突破单一的经济学视角，将多方面因素综合起来进行考虑。日本很早就出台了全面系统的全球基础设施投资战略，近年来更是频繁地开展"基建外交"，数字基础设施投资在全球基础设施投资战略中占有重要地位，以日本为案例进行剖析有助于理解发达国家在全球数字基建规则博弈中的多重利益诉求和多方面制约因素。

第一节　全球数字基础设施领域的
投资竞争与规则博弈

　　针对特定地区的大规模基建投资在改善经济发展环境和提升地区连通性的同时，还可能带来地缘格局和地区秩序的变动。① 这说明全球基础设施兼具公共产品与战略工具的双重属性。② 发达国家大举投资全球数字基础设施，其目的是发挥数字基建的战略工具属性，这与我国"一带一路"倡议有根本不同。美国、日本和欧洲发达国家在全球基础设施建设中都强调要掌握全球数字基建领域的规则制定权。从规则角度看，全球数字基建规则具有"非中性"特点，发达国家谋求全球数字基建规则制定权是为了抬高市场准入门槛、增强数字垄断地位。可以说，为全球数字基建"定规立制"是发达国家护持数字垄断地位的有力武器。

一、发达国家在全球数字基建领域的投资竞争

　　"基础设施"来源于拉丁语，最早指建筑中的主要受力部分，后在社会进步和经济发展过程中逐渐演变为经济词汇。1776 年，亚当·斯密在《国富论》中引入基础设施概念，用以指代公路、桥梁、河道等公共建筑。1943 年，保罗·罗森斯坦·罗丹（Paul Rosenstein Rodan）在其著作《东欧和东南欧国家工业化的若干问题》中将基础设施定义为向其他社会生产部门提供基础支撑的部门，如通信设施、电力设备、道路交通等。③ 发展

---

　　① 毛维准. 大国海外基建与地区秩序变动——以中国—东南亚基建合作为案例［J］. 世界经济与政治，2020（12）：96 – 122.

　　② 毛维准. 发展—安全互动中的全球基础设施议题［J］. 国际安全研究，2021，39（5）：92 – 118.

　　③ Paul Rosenstein-Rodan. Problems of Industrialization of Eastern and South-Eastern Europe［J］. Economic Journal，1943：202 – 211.

经济学家艾伯特·赫希曼（Albert O. Hirschman）认为基础设施的概念有狭义和广义之分，狭义的基础设施是指诸如铁路、港口、光缆等，能够推动覆盖地区人员、货物、商品和数据流通的配套设施；广义的基础设施则既包括交通、通信、水利设施等"硬件"，又包括制度层面的"软件"。

那么，什么是"数字基础设施"？美国信息技术与创新基金会（The Information Technology and Innovation Foundation，ITIF）在 2021 年 5 月发布了《"重建更美好未来"需要数字化建设》的研究报告。该报告对"数字基础设施"的内涵等进行了探讨。根据 ITIF 的定义，所谓"数字基础设施"是指至少有一部分包含信息技术的基础设施，其中"数字"指以电子方式收集、处理和传输信息的信息技术系统。根据 ITIF 的分类，数字基础设施包括"专用型数字基础设施"和"混合型数字基础设施"两种。专用型数字基础设施包括传输数字网络数据包的宽带电缆、提供高级计算访问权限的数据超级计算中心或量子计算设施、提供前台或后台服务的电子政务服务系统以及开放数据的门户网站等。混合型基础设施是在传统的物理基础设施中添加数字组件来提高性能，例如在供水管道中嵌入传感器用于检测和传输泄漏信息；在桥梁系统中安装数字传感器用于监控压力；数字化电网也属于混合型基础设施，它通过智能电表、先进控制系统和通信网络收集和分配信息，并根据供电方、消费者和电网本身的行为做出响应；智能交通系统同样属于这一类别，包括能够对交通状况做出动态响应的交通信号灯。[①] 本书使用广义的"数字基础设施"概念。

数字基础设施是美国、日本等发达国家发起的各项全球基础设施投资倡议的重点领域。欧盟"全球门户"计划提出五个优先投资方向，分别是数字化、气候与能源、交通运输、健康、教育与研究。在数字化领域，欧盟提出要支持发展中国家部署数字网络与基础设施，包括扩大在海底电缆、陆上光纤、天基安全通信系统以及云数据基础设施等方面的投资。具

---

① Robert D. Atkinson. "Building Back Better" Requires Building In Digital［R］. Information Technology & Innovation Foundation，https：//itif. org/publications/2021/05/10/building-back-better-requires-building-digital/. 转引自 WTO/FTA 资讯网. 美国"重建更美好未来"需要数字化建设［EB/OL］. http：//chinawto. mofcom. gov. cn/article/br/bs/202106/20210603067037. shtml.

体而言，欧盟计划在拉丁美洲地区将现有的海底电缆和陆上光纤项目扩展到更多国家，将支持北极圈地区的 5G 网络部署，还将在亚洲与日本建立人工智能伙伴关系。

美国也将全球数字基础设施作为重要投资领域加以推进。在 2022 年 6 月发起的 PGII 中，美国承诺在未来 5 年内筹集 2000 亿美元资金，最终目标是 2027 年筹集近 6000 亿美元资金，投资全球基础设施建设，涉及卫生和健康保障、数字连接、性别平等和公平、气候和能源安全四个领域。传统基建强调实体领域的硬基础设施建设，在数字时代，国家经济增长、社会进步与综合国力的提升离不开先进的数字技术以及与之相关的数字基础设施，大国在数字领域的竞争也会逐步向有关网络连接的"数字基建"方向转移。PGII 在海底电信电缆、信息通信技术和网络安全举措方面的诸多承诺映射出美欧对相关议题的重视。①

2020 年 12 月，日本政府推出《基础设施系统海外拓展战略 2025》（简称"新战略 2025"）。"新战略 2025"除了提出到 2025 年实现 34 万亿日元订单额的目标之外，还对之前的措施进行了大幅调整，从合作内容、合作机制和合作平台等方面进行了优化和拓展，并将投资重点放在交通（港口和机场）、能源（电力）、信息通信（5G、卫星等）和公共卫生四个领域。"新战略 2025"强调要适应数字化变革，瞄准新型数字基础设施，推进传统基础设施出口的"数字 +"转型、"智能 +"升级，要求相关机构强化对利用人工智能、信息与通信技术等数字技术的基建项目的政策支持力度。具体来看，"新战略 2025"提出五项要求：其一，灵活利用数字技术和方法推进形成基础设施系统；其二，支持与数字时代吻合的援助方式，加大与海外拥有先进数字技术的企业合作；其三，利用日本数字技术优势，支援构筑平台型商务模型，在世界推广 5G 系统的信赖性、安全性和开放性；其四，改善对象国与数字技术相关的投资环境；其五，推

---

① 张丁. 美国推动的 PGII 能否重建美好世界？［DB/OL］. 清华大学战略与安全研究中心，http：//ciss. tsinghua. edu. cn/info/wzjx_mggc/5121，2022 – 07 – 29.

进海外数字技术创新。①

二、发达国家谋求全球数字基建领域的规则制定权

从世界体系的角度看，发达国家对全球的数字基础设施投资是核心国家的资本输出。全球数字基础设施建设属于"技术密集型"和"规则密集型"领域，涉及项目设计、设备贸易、工程建设、装备制造、产业规制和互联互通等诸多领域。就投资国而言，全球数字基础设施的施建过程同时也是本国数字技术、数字标准和数字治理规则的输出过程。在实践中，发达国家高度关注本国数字技术以及数字技术标准的重要性，积极向国际社会推广以其经验和制度为核心的数字基建规则，目的在于掌握和主导全球数字基础设施建设的标准认证和评估权，并在此基础上制定数字基础设施建设领域的国际规则。

欧盟的"全球门户"计划不仅承袭了其多年来在对外援助中坚持的所谓的"价值观驱动"，而且突出强调规则输出。欧盟希望在全球基建投资过程中推广其技术、社会、环境和竞争标准，推动欧盟主导的全球基建规则在世界各地得到承认。在数字基建方面，欧盟提出要将"5G网络安全工具箱"与GDPR运用在"全球门户"计划的相关项目中。②

2022年初，为了运行由美国及其"四方安全对话机制"（The Quadrilateral Security Dialogue，QUAD）国家共同创立的"蓝点网络计划"，OECD发布了关于高质量基础设施投资的全球认证框架建议。该框架的颁布包含一套授予认证的国际标准以及相关的项目评分系统和审查过程，这被认为将"改变基础设施未来的游戏规则"。PGII的相关主张则强化了此前的标准。此外，美欧政策界还呼吁G7国家应制定互补的国内产业政策战略，以本国国情为依据输出民主价值观，从而更好地对冲中国的全球影

---

① 孟晓旭. 日本调整高质量基础设施合作伙伴关系战略及对"一带一路"倡议的影响 [J]. 东北亚学刊，2021（5）：33–44.

② 李远，巩浩宇. 海外基建竞争与欧盟"全球门户"计划 [J]. 国际展望，2022，14 （6）：73–90.

响力。总之，PGII 依然以所谓"民主"定性，试图继续为基建领域制定高标准和新规则。①

日本在全球数字基础设施建设中也注重推动价值观外交和倡导"高质量"建设标准。一方面，日本强调构建以所谓"自由""民主""人权"等基本价值观为基础的合作关系。日本海外基建投资战略秉承了"印太战略"的理念，提出要在日美同盟的基础上，与欧洲、印度、澳大利亚、东盟等具有共同的基本价值观的国家一起实现"自由开放的印太地区"。②另一方面，日本积极构建以"高质量"为特征的国际基础设施建设标准。针对中国提出的"一带一路"倡议和亚投行的竞争，日本政府提出"高质量基础设施合作伙伴关系"，并将"高质量"概括为经济性、安全性、强韧性、环保性和对当地的贡献。③ 日本在全球基建投资战略中突出价值观外交与"高质量"标准明显带有遏制中国的"指向性"，其目的也是抢占全球数字基建规则制定权。④

三、发达国家欲借助数字基建规则护持其数字垄断地位

高规格的战略定位和极具针对性的实施特点，显示出发达国家推动全球数字基础设施建设的"努力"和争夺全球数字基建规则制定权的"决心"。这种"努力"和"决心"表面上着眼于本国和东道国的数字经济发展需求，但其根本目的则是以全球数字基建投资为载体、以全球数字基建规则为工具，增加对全球数字经济发展的垄断势力，保障和增加自身在全球数字市场中的垄断利润。简单地说，发达国家之所以向全球投资数字基

① 张丁. 美国推动的 PGII 能否重建美好世界？［EB/OL］. 清华大学战略与安全研究中心，http：//ciss. tsinghua. edu. cn/info/wzjx_mggc/5121，2022－07－29.

② 安倍首相. 第二百一回国会における安倍内閣総理大臣施政方針演説［EB/OL］. https：//www. kantei. go. jp/jp/98_abe/statement/2020/0120shiseihoushin. html.

③ 第 21 回経協インフラ戦略会議「質の高いインフラパートナーシップのフォローアップ」、平成 27 年 11 月 9 日、http：//www. kantei. go. jp/jp/singi/keikyou/dai21/siryou1. pdf.

④ 苏杭，于芳. 全球产业链、供应链重构背景下日本供应链安全保障的新动向［J］. 日本学刊，2022（1）：90－106.

础设施，根本上是为了获取垄断利润。为了获得垄断利润，发达国家就必须护持自身对新兴经济体国家和其他发展中国家的数字垄断地位，其护持数字垄断地位的有力武器就是谋求全球数字基建规则制定权。"基础设施"之所以是"基础"，就在于有相关产业和社会生活伫立于其上，加之基础设施行业具有典型的自然垄断特征，不适于重复建设，发达国家可以通过掌握数字基础设施的投资规则以及与之相关的建设和运营规则来巩固其数字垄断地位。

数字基础设施构造了数字经济的基本框架，决定了各国在网络空间中的行动自由度。就全球而言，各国掌控和塑造全球数字基础设施建设及其规则体系可以赋予其改变其他国家在网络空间处于何种地位的权力，从而构建有利于己的全球数字秩序。由于全球数字基础设施投资受多方面因素影响，导致该领域的数字垄断势力是结构性的，因此本章引入"结构性权力"理论以进一步解释全球数字基建规则博弈。国家与市场的关系是国际政治经济学关注的核心问题，而决定两者关系的正是权力。当代国际政治经济学创始人之一的苏珊·斯特兰奇（Susan Strange）认为：权力有两种形态，一种是"联系性权力"，另一种是"结构性权力"。[①] 联系性权力是从特定行为体之间的双边关系出发，强调一方对另一方的行为施加影响。但是在全球化时代，双边关系不断扩展和延伸，形成了复杂网络，任何双边关系都越来越依赖整个体系的运行，由此导致联系性权力的解释力不足。结构性权力是以国际结构作为权力的来源和介质，探讨结构如何既孕育权力又成为权力发挥影响的工具。[②] 有研究认为，结构性权力归根结底就是制定规则的权力。[③] 这个判断不仅准确，而且精辟。

---

① 苏珊·斯特兰奇. 国家与市场（第二版）[M]. 杨宇光，等译. 上海：上海人民出版社，2012：125.

② 庞珣，何晴倩. 全球价值链中的结构性权力与国际格局演变 [J]. 中国社会科学，2021（9）：26–46.

③ 李国学. 不完全契约、国家权力与对外直接投资保护 [J]. 世界经济与政治，2018（7）：122–141.

核心国家的全球数字基础设施建设通过作用于三种结构，并在此过程中构建相应的规则体系，从而巩固其数字垄断地位。这三种结构分别是生产结构、安全结构和金融结构。[①]"生产结构"指生产什么、由谁生产、为谁生产、如何生产等各种安排的总和。生产领域的权力源自各国在区域分工体系中所处的不同地位，一国可以通过对数字产业链上核心技术的控制和对数字产业链空间布局的调整而获得影响其他国家的权力。"安全结构"指由于某些国家为另外一些国家提供数字安全保障或围绕数字安全领域的合作而形成的各种安排。安全结构是国际经济体系运行的重要约束。一方面，提供安全保障的国家可赢得其他国家在数字经济领域的让步；另一方面，开展安全合作的国家之间的关系更为可靠，也更容易就数字经济合作达成一致。"金融结构"指支配信贷可获得性的各种安排及决定各国货币之间交换条件的所有要素之和，影响数字基础设施投资的主要是国际信贷结构。经济金融化使金融在现代经济中的地位越来越重要，金融强国在国际金融体系以及全球资本流动与配置环节中占据主导地位，体现在两方面：既可以通过提供信贷资金使信贷接受国对其产生依赖，也可以通过不提供信贷资金而使资金需求国面临威胁。

在发达国家中，日本的全球基础设施投资（包括数字基础设施投资）最具代表性。日本不仅一直深耕全球基础设施领域，特别是东南亚地区，而且在2009年就形成了系统的全球基础设施投资战略，并且步步为营地推进。接下来，本书以日本为例，首先从总体上考察日本对全球基础设施投资战略的发展脉络和实施特点，随后引入"结构性权力"分析框架，审视日本对全球数字基础设施投资战略的动因及制约因素，重点是分析日本如何在全球数字基建投资中将符合自身利益的规则渗透于其中，最后给出结论和对我国的启示。

---

① 斯特兰奇提出了四种基本结构，即生产结构、安全结构、金融结构和知识结构。知识结构包括科学方面的知识、思想信仰和意识形态，以及它们的传播方式、渠道与手段等，但是与本部分主题并无紧密关系，故本书主要从前三个方面展开论述。

第二节 案例分析：日本对全球数字基建投资的动因及制约因素

日本海外基础设施投资由来已久，从 20 世纪 70 年代开始，日本就通过政府开发援助（Official Development Assistance，ODA）参与发展中国家的基础设施建设，其目的是以提供公共产品的方式提升国际地位，因此从属于 ODA 战略的大框架。2008 年全球金融危机后，日本开始将海外基础设施投资上升为国家战略，"印太战略"提出以来，日本不断突出数字基础设施的海外投资，并强化基建投资的大国博弈功能。

一、日本全球基建投资战略的发展脉络及数字基建投资

自 2009 年以来，日本政府逐渐强化海外基础设施投资的重要性，其发展经历了三个阶段。

第一阶段是 2009～2012 年，海外基础设施投资战略处于探索阶段。麻生内阁曾提出"新经济增长战略"和"亚洲经济倍增计划"，二者都包括向海外出口高铁和物流体系整备等基础设施内容，不过由于政局变动，上述构想并未真正实施。但是日本并未放弃上述构想，而是不断补充和完善。菅直人内阁上台之初制定了"新增长战略"，其中包括"一揽子型基础设施出口"计划，该计划旨在支持民间企业向海外出口高速铁路（新干线）、城市供水排污设施和"环境城市"等基础设施，并强化了驻外使领馆、国际协力机构（Japan International Cooperation Agency，JICA）和国际协力银行（The Japan Bank for International Cooperation，JBIC）在促进海外基础设施投资方面的职能。

第二阶段是 2013～2016 年，海外基础设施投资战略得以整合。安倍内阁将历届政府的各项计划进行整合，具体措施包括：其一，正式提出"基础设施系统出口战略"，该战略实行动态调整，逐年更新，内容涉及海

外基础设施投资的方方面面；其二，完善顶层设计，设立高规格的"经济协作基础设施战略会议"（以下简称"经协会议"）作为推进机构，负责政策议程的设立、执行方案的制定、部门之间的协调和战略效果的评估等；其三，开展全方位的"基建外交"，日本将"高质量"作为本国基建的主要特色和竞争优势，提出构建"高质量基础设施合作伙伴关系"，并在重要的国际平台（如 G20、G7 等）进行宣传和推广。

第三阶段是 2016 年之后，海外基础设施投资战略进一步升级，成为"印太战略"的重要组成部分。2016 年 8 月，安倍内阁明确提出"印太战略"，这标志着日本外交新战略的开始。根据日本官方文件，"印太战略"有三大支柱，分别是"促进和建立法治、航行自由和自由贸易""追求经济繁荣"和"致力于和平与稳定"。[①] 其中，以大规模基础设施投资实现物理联通、人才联通和制度联通是"追求经济繁荣"的主要内容，其他两大支柱的内容（如确保海上通航自由、提高海上执法能力等）也依赖于基础设施提供物质支撑。

纵观上述发展阶段，日本海外基础设施投资战略经历了从分散推进到系统推进的发展过程，其战略定位已经升级为"印太战略"的核心支柱、突破点和重要抓手。因此就目前来看，海外基础设施投资战略已经成为"印太战略"的经济工具。

日本积极推动在数字基础设施领域的战略布局，力图在全球数字产业链竞争中占据优势地位。日本很重视海底光缆投资，海底光缆是大数据以及云计算行业的重要基础设施，承担着全球互联网大部分的跨国通信和流量数据传输业务。可以说，谁掌握了更多的海底光缆，谁就拥有更大的网络空间主动权，也就越有可能成为全世界的数据传输枢纽。但是海底光缆面临技术要求高、施工和维护难度大等问题，长期以来被视作光电传输领域的高端产业。目前，全球海底光缆市场基本被美国 SubCom、日本 NEC 和欧洲阿尔卡特—朗讯三家垄断，三家合计占据全球 90% 的市场份额。日

---

① 日本外務省. 自由で開かれたインド太平洋［R∕OL］. https：∕∕www. mofa. go. jp∕mofaj∕gaiko∕page25_001766. html.

本要求本国企业积极投资海底光缆，并在技术上克服容量增加、长距离传输、深海恶劣环境下的耐用性等难题。日本还从数字技术变革角度制定了传统基础设施进行数字化升级的发展方向。随着数字技术、人工智能、大数据等新技术在生产和社会层面应用度的提高，在基础设施领域，数据、数字技术的应用以及服务的高度化和高附加值化成为重要因素。因此，日本利用所积累的基础设施建设优势，对基础设施援助所获得的数据进行利用，通过硬件设计、设置和运行的高度化和新服务的提供，推进当地日本企业的数字化转型升级；与此同时，为了提高日本企业的竞争力，日本提出将尽可能确保对项目的主导权，推进与海外企业和当地企业的数字合作。

二、日本对全球数字基础设施投资的动因

纵观世界近代经济史可以发现，各国和各地区的工业化都伴随着交通运输、动力、通信等基础设施的发展；集中代表工业文明的城市化更是有赖于城市道路、通信、给排水等城市基础设施的支撑。一般来讲，基础设施的层次由低到高分别是交通运输、动力和水利、通信和网络；每一个新层次形成后都会覆盖到以前的层次上，并去掉一些旧特征、增添一些新内容。[1] 日本不仅注重对通信和网络等专用型数字基础设施的投资，而且注重对传统基础设施进行数字化升级改造，未来随着更先进的信息通信技术（包括传感技术等）融入其他传统基础设施领域（如高速公路、电力传输等），数字基础设施的影响力将遍及所有基础设施部门，[2] 成为关键的基础设施。

（一）生产动因

日本经济发展的一个典型事实是依托于东亚产业链，随着全球价值链

---

① 唐建新，杨军. 基础设施与经济发展——理论与政策 [M]. 武汉：武汉大学出版社，2003：18 – 36.

② Jonathan E, Hillman. Influence and Infrastructure: The Strategic Stakes of Foreign Projects [R]. Washington: Center for Strategic and International Studies, 2019.

扩张放缓、贸易保护主义抬头、新一轮科技革命兴起和新冠疫情冲击，东亚产业链面临着组织方式、地理格局等方面的重构压力。[①] 基础设施是东亚产业链运转和重构的前提性物质基础，日本试图借助海外基础设施投资主导东亚产业链的重构进程，这体现在"链"（生产组织方式）与"网"（地理空间布局）两个维度。"链"是指如何组织生产，强调生产活动的垂直序列关系，侧重不同生产环节如何在不同经济主体之间纵向切分；"网"则引入空间聚集概念，指生产活动在哪里展开，侧重不同生产环节在地理空间上的横向分布，从而形成"纵横交错"的网状结构，即"全球生产网络"。[②]

在"链"的维度，日本试图借助海外基础设施投资来维持在东亚产业链的上游地位。作为新一轮科技革命和产业变革的通用技术，日本在海外数字基础设施投资过程中重点推广了本国的数字技术及相关标准。"新战略2025"提出，日本一方面要促进数字技术在基础设施领域的应用，重点领域是智慧城市、新一代信息通信、海底电缆和生物识别系统等；另一方面要确保核心技术掌握在自己手里，同时提升东道国对日本式技术诀窍、技术标准和经营方式的认可度。这说明日本不仅注重工程体系的移植，更注重技术路线和标准的锁定，从而巩固日本在全球数字产业链的上游地位。

在"网"的方面，日本试图借助海外数字基础设施投资为调整东亚产业链空间布局创造条件。近些年日本企业开始调整对外直接投资（Foreign Direct Investment，FDI）流向，更加注重对东盟的直接投资，新冠疫情强化了日企向东南亚和印度转移产业链的倾向。国际协力银行2022年的一份调查显示，日本制造业企业认为最有前途的十大投资目的地包括印度、

---

① 马盈盈，崔晓敏. 全球产业链的发展与重构：大趋势与新变化 [J]. 全球化，2021（2）：102 – 113.

② 朱彤，孙启俊，丁勇. 跨国公司全球生产网络及其对发展中国家的经济影响 [M]. 北京：人民出版社，2018：12 – 14.

越南、泰国、印度尼西亚、菲律宾、马来西亚等东南亚和南亚国家。① 制造业企业大规模转移产业链必须考虑到东道国的基础设施发展水平，因为基础设施发展水平直接关系到跨国公司的生产经营成本、投资风险和综合收益。② 上述国家的基础设施缺口巨大，阻碍了日本企业进一步转移产业链的进程。

基于此种情况，柳田健介（Kensuke Yanagida）认为，如果"印太地区"的新兴经济体能够克服基础设施不发达的问题，那么将具有巨大的经济增长潜力，从而直接影响日本企业的投资决策。③ 为了引导更多的日企向东南亚和南亚投资以调整产业链空间布局，日本政府就必须改善东道国的基础设施发展水平；而着眼于经济产业的数字化转型趋势，日本将强化对数字基础设施的投资，这是日本加强海外数字基础设施投资的深层考虑。

（二）安全动因

数字技术的广泛应用特别是数字基础设施的快速发展使得国际安全问题更加错综复杂。目前，数字技术已广泛应用于重要战略武器领域，网络攻击成为打击对手的重要手段，数字基础设施也成为攻击的重要目标。在现代化战争中，数字战场与实体战场日益不可分割。④ 在近期的俄乌冲突中，以美国为代表的部分发达国家及其数字垄断资本将网络空间开辟为与地理空间同等重要的战场，全球互联网基础设施再次受到波及。一方面，冲突方寻求借助互联网基础设施实施制裁，乌克兰政府官员曾公开致信ICANN，主张撤销俄罗斯的顶级域名和根服务器节点；另一方面，西方国

---

① JBIC. Survey Report on Overseas Business Operations by Japanese Manufacturing Companies［R/OL］. https：//www. jbic. go. jp/en/information/reference/reference – 2021/contents/202105_spot. pdf.

② 姜巍，陈万灵. 东盟基础设施发展与 FDI 流入的区位选择：机理与实证［J］. 经济问题探索，2016（1）：132 – 139.

③ Kensuke Yanagida. Japan's Connectivity Initiatives in the Indo – Pacific［EB/OL］. https：//www. nbr. org/publication/japans – connectivity – initiatives – in – the – indo – pacific/.

④ 徐秀军. 国际新秩序的基础、内涵与结构变迁［J］. 人民论坛·学术前沿，2023，260（4）：70 – 77.

家的制裁也蔓延至互联网基础设施，美国头部网络运营商 Cogent、域名注册商 Sedo、数字证书签发机构 DigiCert 等宣布停止对俄服务，亚马逊、Google 等则暂停了俄罗斯境内的新用户注册。①

安全问题是日本"印太战略"的核心领域，日本海外数字基础设施投资战略试图以数字基建及互联互通等领域的合作为载体和手段，打造新的地区安全合作机制，这种意图集中体现在传统安全领域的海上通道安全合作和非传统安全领域的经济安全合作两个方面。

第一，日本期望以数字基础设施投资为载体，增强与东道国的海上通道安全合作。以往日本维护海上航路安全主要依靠提供经济援助、发起贸易合作等手段，近些年日本开始致力于战略要地的数字基础设施建设及其连接性。② 日本积极参与对印度安达曼和尼科巴群岛海上和陆上电缆等领域的投资，③ 这些岛屿是从太平洋到印度洋的重要航道"。④ 这一切既源于日本作为海岛型国家对亚太海上通道安全和海上航路权益的高度重视，也是作为地区大国的日本面对东亚地缘战略环境变化而采取的应对策略。

第二，日本期望以数字基础设施合作为手段，增进与东道国的经济安全合作。在政治和军事手段受限的情况下，日本长期以经济力量维护国家安全。⑤ 近年来，数字产业供应链的安全价值凸显，日本也开始强化"经济安保战略"。"新战略 2025"提出，日本要与"志同道合国家"构建数字技术及数字产业联盟，包括与东道国在芯片、5G 应用、空间技术、网络安全等高科技领域展开合作，以此增强经济韧性和打造自主可控的供应链。

---

① 安全内参. 俄乌冲突之下，俄罗斯域名背后的网络基础设施变迁，https://www.secrss.com/articles/50160，2022 – 12 – 19.

② 沈和. 后疫情时代日本对外经济秩序重构——以海上航路权益为视角 [J]. 现代日本经济，2021 (4)：59 – 70.

③ Hidetaka Yoshimatsu. Japan's Infrastructure Investment in the Indian Ocean: Checking China, Securing the Sea Lanes [R]. Asie. Visions, Ifri No. 123, September 2021.

④ 朱育莲，孟宪谟，李家德，王志光. 世界重要战略地区图说 [M]. 北京：军事科学出版社，1986：90.

⑤ 崔健. 日本国家安全战略选择的政治经济分析——以均势理论为基础 [J]. 日本学刊，2015 (2)：44 – 56.

（三）金融动因

数字基建投资具有规模大、周期长和回收慢等特点，需要庞大的资金予以支持。海外基础设施投融资形式多样，既包括政府的赠款和优惠性贷款，也包括商业性的贷款和投资等，这种通过公共资金或私人资本帮助发展中国家实现发展的投融资可以统称为"发展融资"（Development Finance）。借助数字基础设施投融资，日本试图从制度体系和市场运作两个层面维护和增强对地区发展融资事务的主导权。

从制度体系层面看，日本对地区发展融资体系的主导是确保对地区发展融资事务主导权的前提。2015 年之前，日本在东亚乃至整个亚洲地区基础设施投资领域长期"一家独大"，地区发展融资体系也主要由日本及亚开行主导。随着中国提出"一带一路"倡议和筹建亚投行，日本深感竞争压力，因而开始着力调整策略以确保主导地位。[①] 在海外基础设施投资战略中，日本一方面大力推进公私伙伴关系（Public-private Partnerships，PPP），动员更多私人资本参与。2020 年 2 月 26 日，日本政府第 46 次经协会议专门就日本与东道国的 PPP 合作展开了研讨，强调动员更多的民间资金以解决政府财政不足的问题。[②] 另一方面，最大限度发挥"在位者"优势，强化亚开行在地区融资体系中的作用。亚开行在基础设施投资领域经营已久，在资金提供、风险保障、协调各方关系等方面有突出优势，近些年日本不断增强亚开行的融资功能，包括增加 1.5 倍融资能力、扩大面向民间机构的融资比例、与国际协力机构合作扩展海外投融资等内容。[③]

全球基建融资制度的设计能够影响地区资本市场运作。日本对地区资

---

① 孟晓旭. 日本高质量基础设施合作伙伴关系的构建与前景［J］. 国际问题研究，2017（3）：76 – 86.

② 第 46 回経協インフラ戦略会議「PPP・現地パートナー」［R/OL］. https：//www. kantei. go. jp/jp/singi/keikyou/dai46/siryou. pdf.

③ 黄继朝，陈兆源. 竞争与差异化：日本对东南亚基础设施投资的策略选择［J］. 日本学刊，2022（2）：64 – 90.

本流动与配置的有效引导是主导地区发展融资事务的关键。大型基建项目融资往往采取跨境银团贷款的方式进行，即不同类型乃至不同国家的金融机构联合为项目提供资金支持。这种"集群式"融资方式为日本引导地区资本流动与配置提供了强有力的抓手。日本金融机构的跨境银团融资业务非常发达，该业务一般以政策性金融机构和大型商业银行（如三井住友银行、三菱 UFJ 银行、瑞穗银行）作为牵头方，东道国通常依靠国际协力银行和日本贸易保险机构提供贷款作为在项目启动时的预算资金支持，这两大金融机构与东道国政府保持密切沟通，确保东道国政府能够按照合同履行各项义务；大型商业银行则为项目提供财务咨询、策划、融资结构安排、财务代理等投融资服务；日本地方性银行资金储备丰富，也是跨境银团融资的重要参与者，但是对境外风险的抵御能力相对较弱，也缺乏控制大型项目的经验和资源，一般通过参与大型银行牵头的银团贷款提供境外融资。[①] 除了本国资金外，日本还希望能够吸引其他国家资金加入，以最大程度动员地区资本。2018 年 11 月 12 日，日本国际协力银行与美国海外民间投资公司、澳大利亚外交贸易部出口及金融保险公司共同签署基础设施合作备忘录，提出了三国共同开发和共同融资的方案，并突出强调要动员和支持地区私人资本投入基础设施领域。[②]

三、日本对全球数字基建投资的制约因素

国际数字基础设施项目本身具有不确定性、特殊性、敏感性、冲突性和系统性等特点，其投资和施建过程受到投资国的实力、东道国自身的能力和利益诉求以及地区格局等多方面因素的制约，这些因素很可能消减甚至扭曲日本海外数字基础设施投资战略的实际效果。

---

① 沈梦溪. 跨境银团贷款：中日银行业的对比及启示 [J]. 国际经济合作，2017 (11)：91−95.

② 外务省.「日米豪政府の『インド太平洋におけるインフラ投資に関する三機関間パートナーシップ』に関する共同声明」[R/OL]. https：//www. mofa. go. jp/mofaj/files/000420367. pdf.

（一）生产方面

首先，日本的技术实力不足以主导东亚产业链的数字化转型升级。日本在很多传统基础设施领域拥有全球领先的技术优势，例如海底电缆、防灾系统、海洋能源开发和港口建设等，以这种技术优势为基础，日本在海外获得了大量基建项目订单。但是，在新一轮科技革命和产业变革中，中国等新兴经济体迅速崛起，不断缩小与日本的技术差距，甚至在部分新基建和新产业领域占据了优势地位，使得日本的技术优势呈相对下降趋势。现在，日本仍然保持着对数字产业链关键环节的控制力，特别是在半导体制造方面（包括核心零部件和关键材料）。但是数字经济的发展需要算力、算法和大数据等多领域技术的支撑，并打造开放式的创新生态系统，而日本在5G等关键技术领域发展迟缓，创新模式封闭，与外部技术交换水平过低，推进产业数字化转型的措施滞后，因而不具备实施全技术领域和系统性开发数字经济的能力，[①] 更没有能力主导东亚产业链的数字化升级。

其次，日本调整产业链空间布局的政策效果受制于现有的区域分工体系，特别是中日之间长期合作形成的数字产业链体系。中国已经是东亚产业分工体系的重要支柱，拥有巨大的市场空间、完善的产业链配套能力、不断提升的创新应用水平等众多优势，正在向全套型全球制造中心和新的地区消费中心方向升级，[②] 未来在地区分工体系中的地位将更加重要。在此背景下，日本的数字产业链调整政策必须考虑现有地区数字产业分工体系的稳定性，尤其是中国的角色。中国是日企重要的海外市场和生产基地，强行转移在华数字产业链只会给日本产业界带来毁灭性打击。目前来看，尽管日企加强了对东南亚和印度的投资，但更多是出于分散风险以提高应急应变能力的角度考虑，并非是要与中国"脱钩"，中国市场对日本

---

① 余南平. 全球数字经济价值链"轴心时代"的塑造与变革 [J]. 华东师范大学学报（哲学社会科学版），2021, 53（4）：124 – 135.

② 刘洪钟. 超越区域生产网络：论东亚区域分工体系的第三次重构 [J]. 当代亚太，2020（5）：137 – 158.

企业仍然保持着强大的吸引力。

最后，数字基础设施项目建设对东道国的国家能力有较高要求，包括劳动力的规模和素质、产业配套能力、政府行政效率和监管能力、法治能力建设等，[①] 很多发展中东道国并不完全具备这些能力。根据咨询公司Arcadis 的报告，大约32% 的合资建筑企业会遇到投资争端，争端解决平均需要 14 个月，花费近 4300 万美元。[②] 在产业配套能力不足、法律法规不健全和行政效率较低的发展中国家，日本的基础设施投资项目也经常遭遇各种争端，导致项目进展迟缓。

（二）安全方面

首先，很多东道国更愿意采取"不选边站""两边下注"的策略维护战略自主性。[③] 在海外进行基础设施建设的首要条件就是获得东道国的认可，大多数发展中国家和新兴经济体愿意接受日本的数字基础设施投资，但目的是改善本国的发展环境，发展数字经济，所以基建合作政治化和安全化并不符合东道国利益。大多数东道国拒绝在中日之间"选边站"，但又同时与中日保持合作，这样就可以从大国博弈中获得更多经济利益和安全利益。

其次，东道国对数字经济主权的关注会削弱日本与东道国经济安全合作的效果。数字基础设施是典型的自然垄断行业，也是具有高度敏感性的重要议题，特别是关键信息基础设施对国民经济发挥着基础性、全局性和支撑性作用，如果遭到破坏将威胁国家安全，因此东道国对大型数字基础设施项目的外来投资有着天然的警惕性，不仅要进行系统性的安全审查，

---

① 王开科，李采霞．"一带一路"沿线经济体承接中国产业转移能力评价 ［J］. 经济地理，2021，41（3）：28 – 38.

② Jonathan E et al. , Influence and Infrastructure：The Strategic Stakes of Foreign Projects ［R］. Washington：Center for Strategic and International Studies, 2019.

③ Murphy A M . Great Power Rivalries, Domestic Politics and Southeast Asian Foreign Policy：Exploring the Linkages ［J］. Asian Security, 2017, 13（3）：165 – 182.

而且要权衡与主权和安全相关的政治、经济和金融问题。① 日本对数字基础设施投资、建设和运营等环节的掌控，将带来对东道国经济的深度渗透，使东道国不得不考量日本主导的数字基础设施投资对本国数字经济安全的隐患，必然采取反制措施以平衡经济利益和安全利益，包括让两个或更多外国竞争对手同时拥有或运营项目，而不是过度依赖日本。

（三）金融方面

在大型基础设施项目施建中，资金始终是最重要的因素。"印太地区"特别是亚洲内陆地区仍然需要大量的基础设施建设，但是资金缺口巨大，包括数字基础设施部门。亚开行 2017 年发布的研究报告指出，到 2030 年仅亚洲地区的基础设施投资总需求就高达 26 万亿美元，即每年投资 1.7 万亿美元，目前每年的实际投资额仅为 8810 亿美元，投资缺口较大。

从日本自身看，日本所能调动的资金严重不足。从发展援助资金角度看，日本财政状况不断恶化，2022 年末国债总额为 1271 万亿日元，债务占 GDP 比重达到 261%；② 在少子老龄化趋势加剧的冲击下，日本政府债务规模还将进一步扩大，ODA 预算也难有大幅度提升。所以，日本短期内恐难以筹措大量发展援助资金用于海外基建。在发展援助资金受限的情况下，动员私人资本成为关键。但是，一方面，海外基建项目多是资本回报率低、政治风险不可控的大型项目，加之投资周期长、项目延误和管理不善等风险，私人资本对此十分警惕。另一方面，私人资本的本性是逐利，企业进入一国投资的首要目标是实现盈利而非落实政府的战略规划，如果不能提供足够有诱惑力的商业前景和有效的商业模式，日本很难大规模动员私人资本参与其中。

在东道国方面，东道国 PPP 模式的顶层设计不够健全。以东盟为例，PPP 模式在东盟大部分国家得到了认可和推广，但在实际运行中出现了很

---

① 毛维准. 大国基建竞争与东南亚安全关系 [J]. 国际政治科学，2020，5（2）：109 - 147.

② 张锐. 美日国债规模扩张难有穷期 [EB/OL]. 证券时报网，http://www.stcn.com/article/detail/969412.html，2023 - 09 - 05.

多问题，集中体现在法律体系不完善和监管机构不权威两方面。从法律体系角度看，东盟国家虽然都对 PPP 模式作出了相应的法律规定，但是只有菲律宾、越南、老挝等少数国家具有专门的 PPP 法律，其他国家只有部门法作为参考。从监管机构角度看，PPP 模式具有高度的复杂性，需要专门的政府部门负责管理，但大多数东盟国家的 PPP 监管机构仅提供咨询和建议，其权威不足以保证项目的进行、部门间的协调和经验的推广。① 无论是法律体系不完善还是监管机构不权威，都会造成约束程度弱、违约成本低、毁约风险小等后果，从而加大各参与方的违约风险。②

第三节　结论与启示

一、结论

国际基础设施投资同时具有公共产品属性和战略工具属性，哪种属性占主导地位取决于投资国的战略定位和总体外交方略。发达国家的全球数字基础设施投资战略更侧重于战略工具属性，甚至扭曲了公共产品属性。如果只考虑公共产品属性，发达国家的全球数字基础设施投资对地区将具有积极影响，至少是中性意义；如果考虑战略工具属性，发达国家的全球数字基建投资战略试图从生产、安全和金融等方面重塑地区权力结构，从而成为数字基建规则的制定者。在实际运作过程中，发达国家的全球数字基础设施投资战略面临一系列制约因素。从日本的情况看，在生产方面，日本自身技术实力、既有区域分工体系和东道国承接项目的能力都不足以支撑其主导地区产业链重构进程；在安全方面，东道国会从国家安全角度出发保证战略自主性和经济主权，日本海外数字基础设施投资与其对地区

---

① 牟建霖. "一带一路" 背景下东盟五国 PPP 法律制度比较及启示 [D]. 广西大学，2021.

② 温师燕. 公私合营（PPP）模式在东盟基础设施建设中的运用 [J]. 广西财经学院学报，2018，31（2）：10 - 21.

安全结构的塑造能力未必呈正相关关系；在金融方面，日本所能动员的资金不足，东道国的制度环境也不完善，导致海外数字基础设施投资战略无法满足地区的基建投资需求。在这些制约因素影响下，日本海外数字基础设施投资战略对地区结构的塑造效果面临较大的不确定性。概括地看，上述制约因素可以归结为日本过于强调自身利益和政府的战略规划，而对东道国的诉求和发展水平、市场主体的诉求以及现有地区结构的稳定性有所忽视。

总体来看，发达国家在谋求设立全球数字基建合作的价值标准和规则方面并未取得明显效果。这说明附加价值标准和输出自身规则的基础设施投资无法获得发展中国家的认同，甚至可能起反作用。发达国家过于强调经济合作的价值标准容易引起发展中国家的反感。此外，发达国家的全球数字基建规则并不符合发展中国家的国情。例如，日本按照自身优势设计了"高质量"标准，但"日本式"规则或超出发展中国家能力，或不符合发展中国家现行制度，无法获得发展中国家的认同。

二、启示

对我国而言，数字基础设施建设和互联互通是共建"一带一路"的重要内容。我国与沿线各国的基建合作始终遵循"共商共建共享"原则，以构建人类命运共同体为目标，因此其本质是向全球提供公共产品。但是，面对更加复杂多变的国际环境，我国面临着如何更有效地拓展"一带一路"数字基础设施合作空间，以更好地服务于提供国际公共产品和维护我国国家利益的问题。

在生产领域，面对全球产业链的数字化趋势，我国应与各方加强在数字基础设施等新基建领域的合作，推动中国数字技术标准的国际化，并借助超大规模市场和完整产业体系优势吸引东亚数字产业链围绕自身形成新的空间布局；在安全领域，面对地缘政治动荡和非传统安全威胁增多，我国应重视对海上航路权益等传统安全利益的维护，更好地发挥数字基础设施合作在维护地区和平与我国经济安全中的作用，推动构建相互尊重、相互合作的"网络空间命运共同体";在金融领域,我国应注重资金供给的多元化和国际化,积极探索和创新与多边开发银行和外国私人资本在第三方市场的合作,同时吸收东道国的地方政府、企业和社区广泛参与项目融资过程。最重要的是,面对西方意识形态划线和抢占全球数字基建规则制定权等挑战,我国应进一步加强宣传"共商、共建、共享"理念,对冲和稀释西方国家的意识形态挑衅,同时坚持普惠包容原则,提出符合发展中国家利益诉求和比较优势的"中国方案"。

第六章　全球数字经济规则博弈的
本质与深层逻辑

根据历史经验，每一次产业革命都会给整个国际分工体系带来巨大变革，并形成新的国际利益分配格局。目前来看，各国围绕数字经济利益的博弈已经在制度层面充分展开。本章首先介绍世界体系运行中的规则博弈，以美国对华制度规锁为例阐明规则问题往往是世界体系中的博弈焦点；其次运用马克思主义制度理论说明全球数字经济规则的经济必然性与利益冲突性，以此揭示全球数字经济规则博弈的本质；最后挖掘全球数字经济规则博弈的深层逻辑，探讨发达国家及其数字垄断资本维持、巩固和增强对先进数字技术的垄断以及进行数字垄断资本积累的方式。

第一节　全球数字经济规则博弈的本质分析

全球经济规则博弈是制度层面的现象。国际经济规则之所以重要，不仅在于制度规则本身对一个国家和社会的重要功能和价值，还在于制度规则是历史演进的重要归结点，几乎所有的国际经济斗争也都以规则变革为最终诉求，数字经济领域也不例外。从本质上看，全球数字经济规则博弈是各国数字经济利益矛盾与斗争的制度体现，其目标是形成有利于己的国际数字经济规则。

一、国际数字经济规则的本质

制度理论一直是经济学的重要组成部分，马克思主义政治经济学以唯物史观为方法论，建立了独特的制度理论体系和制度研究方法。[①] 对于马克思主义制度理论，我国学者进行了充分的研究，比如林岗和张宇主编的《马克思主义与制度分析》一书，从方法论、所有制和产权理论、制度变迁理论和企业理论等不同方面对马克思主义制度理论和西方新制度经济学进行了比较研究，从新的角度对马克思主义制度理论的精华进行了挖掘、整理和阐发。[②]

马克思主义政治经济学以生产关系为研究对象，由于这些生产关系日益被制度化，因而可以说是以生产关系及其经济制度为研究对象。在解释制度起源时，马克思将制度划分为两个层次：第一个层次的制度是社会生产关系，这种制度起源于人与自然的矛盾以及生产力的发展；第二个层次的制度是包括政治、法律、道德规范等在内的上层建筑，这些制度起源于社会生产关系中不同集团和阶级的利益矛盾。[③] 因此，马克思主义制度范畴的内涵包括两个方面：一方面，马克思将制度明确界定为生产关系在法律上的反映，是生产过程中各经济主体（个人、集团、阶级或国家等）之间相互关系的法律规范，即经济制度；另一方面马克思又对制度赋予了更广泛的含义，将制度视为社会认可的存在于各个方面的一系列规则。[④] 其中，生产资料所有制是经济制度的核心，是最根本的经济制度，是形成其他社会经济制度的基础和前提，因而是马克思主义制度理论的中心内容和

---

① 崔希福. 唯物史观的制度理论研究 [M]. 北京：北京师范大学出版社，2010：1-2.

② 他们认为，马克思主义经济学和西方新制度经济学都是以制度为研究对象的；但是从整体上看，两种理论范式是建立在不同的世界观和价值观基础上的，它们之间的根本区别表现在多个方面，例如研究方法是坚持个体主义还是整体主体、是经济关系决定法权关系还是法权关系决定经济关系、研究对象是以交易为基础还是以生产为基础、权利关系是自然现象还是历史现象等。参见林岗，张宇. 马克思主义与制度分析 [M]. 北京：经济科学出版社，2001：1-2.

③ 林岗，刘元春. 诺斯与马克思：关于制度的起源和本质的两种解释的比较 [J]. 经济研究，2000（6）：58-65.

④ 程恩富. 马克思主义制度经济理论探讨 [J]. 学习与探索，2009（3）：118-121.

研究主线。

马克思主义制度理论是以两个基本假设为前提的。其一是生产的社会性。生产是社会的生产，不是孤立的个人的生产，所以在生产过程中各经济主体之间一定要发生经济关系，对这种经济关系作出的规范性安排就是制度。因此，从生产的社会性出发，制度是为了使人们的生产活动顺利地进行。其二是利益的矛盾性。各经济主体从事经济活动的目的是实现自己的经济利益，不同的人在生产过程中有着不同的经济利益，人们在追求经济利益时会产生矛盾和冲突，为解决这些矛盾和冲突所作出的规范性安排就是制度。从利益的矛盾性出发，制度是为了解决人们的利益矛盾和冲突。① 因此，制度起源于人类维持生存、协调矛盾的需要，是社会生产和社会发展不可缺少的组成部分。笔者将"生产的社会性"归结为"经济必然性"，即现实的生产生活要求人们以制度来规范经济利益关系。这样，马克思主义制度理论的两个基本假设就是"经济必然性"和"利益矛盾性"。第一，制度不是起源于人们的主观安排，而是在社会化的生产活动中形成的，生产越是社会化就越需要制度予以规范；第二，制度的功能在于协调人与人之间的利益关系，特别是当这种利益关系相互冲突时。综上所述，制度的本质是社会化生产条件下协调不同经济主体之间利益关系的规范性安排。

基于马克思主义制度理论中"经济基础决定上层建筑"的基本原理，国际经济规则本质上是国际生产关系在国际上层建筑层面的反映，② 是协调不同国家之间经济利益关系的规范性安排。在国际生产中，不同国家的人与人之间、个人与企业之间、企业与企业之间、企业与政府之间、政府与政府之间必然发生各种各样的经济关系，如何处理好这些关系直接影响各国的经济利益，从而影响其从事国际经济活动的动力。要处理好这些经济利益关系，就需要建立各种规范，这种规范就是国际经济规则。当然，

---

① 顾钰民. 马克思主义制度经济学——理论体系·比较研究·应用分析 [M]. 上海：复旦大学出版社，2005：11-15.

② 东艳. 国际经贸规则重塑与中国参与路径研究 [J]. 中国特色社会主义研究，2021（3）：27-40.

国际社会的运行处于"无政府"状态，国际经济规则的形成机制也颇为复杂，因此这些规范性安排既可能是法律意义上的，也可能是非法律意义上的，但是法律意义上的国际经济规则更加权威且更具有执行力。由此可知，国际数字经济规则的本质是数字经济领域国际生产关系的规范化形式和制度化表达，是协调国际数字分工体系中不同经济主体之间利益关系的规范性安排，它们规定着不同经济主体的经济权利、价值取向和选择空间。

二、规则博弈的本质：全球数字经济利益之争的制度表现

全球数字经济规则博弈一方面是生产力（数字技术）推动的结果，另一方面是各经济主体利益（数字经济利益）冲突的结果。从历史发展角度看，技术革命往往会带来经济版图与政治格局的调整，当前的科技革命与产业革命正是驱动世界经济政治格局重构的核心力量。无论是数据的跨境流动，还是互联网平台的跨境运营，数字经济天然具有全球性特点，这意味着不同的国家需要处理共同的问题。但是，各主要经济体纷纷提出自身的数字治理理念与主张，并力求升级为国际规则，以期在全球数字经济博弈中获得主动权，从而获得更多的数字经济利益。因此，从根本上讲，规则博弈源于利益博弈，全球数字经济规则博弈本质上是各国对国际数字分工体系中的利益格局及其所处地位所进行的博弈。①

其一，全球数字经济规则是对不同国家（包括内部的利益集团）在全球数字经济体系中居于不同地位的一种确认。在全球数字经济体系中，不同的国家和不同的利益集团处于不同的地位，就要求带有一定约束性的制度规则体系。当一种制度规则体系能够使不同国家和不同利益集团的地位保持下去时，实际上也就规范了其经济利益关系。当全球数字经济规则体

①　顾钰民在《马克思主义制度经济学》一书中对制度的本质进行了深刻剖析，其研究结论有助于加深对全球数字经济规则博弈本质的理解。参见顾钰民. 马克思主义制度经济学——理论体系·比较研究·应用分析［M］. 上海：复旦大学出版社，2005：15-17.

系形成后，各国和各利益集团的不同地位被规范化，意味着今后其对数字经济利益的不同支配权利，从而决定了在全球数字经济发展中得到的利益多寡。

其二，任何一个国家（包括内部的利益集团）的数字经济利益都要通过全球数字经济规则来维护和保障。诚如顾钰民所言："制度是由在社会经济中占优势的集团、阶级或阶层按照有利于维护自身利益的原则建立起来的，并且要求社会其他的集团、阶级或阶层按照这一制度的要求从事社会生产活动，以及从中得到利益。从这一点来说，现实的经济制度所体现的总是在社会经济中占优势地位的集团和阶级的利益。"[①] 在全球数字经济体系中，处于顶层的国家和利益集团要使这种等级化的利益关系保持下去并使自身地位更稳固，但是处于中下层的国家和利益集团反对这种既有的等级格局并要求改变自身的不利地位，它们都要从制度规则体系入手，因为如果不改变既定的制度或获得更多的规则制定权，不同国家和不同利益集团的经济权利所组成的利益格局就不可能得到改变。当然，当权利产生对抗时，实力就起决定性作用，所以处于优势地位的国家和利益集团往往在全球数字经济规则博弈中享有更多的主动权。

在全球数字经济规则博弈中，美国是最主要的"进攻型"国家，试图将符合自身利益的高标准数字经济规则强加给其他国家。在其他国家中，中国的角色尤为突出，原因在于：第一，欧盟、日本等国大多是美国的盟友，而中美并非盟友关系；第二，作为社会主义国家，中国发展数字经济具有明显的制度优势，这被美国视为威胁；第三，在全球数字经济规则博弈中，美欧和美日之间都签订了相关协定，但中美之间迄今没有达成具有实质性内容的协定。因此，美国对华数字经济规则博弈具有代表性。其利益目标包括如下三个方面。

第一，锁定中美数字经济利益格局。在新产业革命蓬勃兴起的时代背景下，数字经济创新关乎各国在未来国际经济竞争中的成败。作为一种创

---

① 顾钰民. 马克思主义制度经济学——理论体系·比较研究·应用分析 [M]. 上海：复旦大学出版社，2005：15–17.

造性破坏过程，数字经济创新不断使经济结构革命化，它打击的不再是企业的边际产量和边际利润，而是改变了它们的生存方式和生存环境，从而使竞争更加有效率也更加残酷。① 近年来，我国希望依托数字技术进步向全球价值链高端部分努力攀升，这既是产业发展的客观规律所决定的，也是走向制造业强国的必经之路。然而，这势必削弱美国在数字经济领域的竞争优势，并在全球范围内与美国形成竞争态势，基于此，美国必然要对我国的数字技术创新进行"预防性打击"。

第二，深度打开我国内部数字市场。美国将针对经济制度差异的边界内改革视为公平贸易的必要条件，而中国的数字经济发展模式被视为最大的边界内壁垒，这一点集中体现在服务业领域。尽管美国在与中国的服务贸易中保持着巨额顺差，但仍抱怨中国服务市场开放程度过低，特别是在电子支付、云计算、电信、视频和娱乐软件、电影制作及发行等数字服务领域，美国认为中国经济中的非市场性因素阻挠了美国互联网服务供应商进入中国市场，所以试图通过构建高标准规则迫使中国打开内部数字服务市场。

第三，维护美国的国际制度霸权。美国的战略目标是保持其全球霸权，在美国全球霸权的诸多要素中，国际制度是美国的霸权之翼。② 随着经济实力的迅速提升，美国与我国的冲突越来越明显，这种冲突不仅表现在经济学意义上的供给与需求方面，更重要的是政治经济学意义上的权力与利益分配格局，并首先体现在制度方面。按照郑永年的归纳，我国经济制度的最大特点就是混合所有权制度，③ 国有部门与私人部门在同一个市场平台上展开竞争，并且都将构建现代企业制度作为基本理念。中国数字经济发展中所展现出来的制度优势对其他发展中国家具有借鉴意义，也影响了美国在全球数字经济治理中的话语权。美国必然采用多种手段加以规制，攻击中国的政治经济体制，以便从制度根源上阻止中国制度影响力的

---

① 熊彼特. 资本主义、社会主义与民主［M］. 吴良健，译. 北京：商务印书馆，1999：146 – 150.

② 门洪华. 霸权之翼：美国国际制度战略［M］. 北京：北京大学出版社，2005：1 – 10.

③ 郑永年. 国际发展格局中的"中国模式"［J］. 中国社会科学，2009（5）：20 – 28.

扩散。① 因此，未来中美竞争的焦点将从单个领域的竞争逐渐升级为制度规则的竞争，这是一种以实力为基础，但同时又在格调和深度上超越实力之争的竞争观念。

总之，全球数字经济规则博弈的本质是数字经济利益之争，在发达国家之间是数字垄断权（包括数字霸权）的竞争，在发达国家与发展中国家之间是数字垄断权与数字发展权的竞争。

第二节　全球数字经济规则博弈的深层逻辑

由于数字经济企业是数字经济发展的微观基础，获取垄断利润是数字经济企业发展的根本动力，所以获取垄断利润的能力在很大程度上决定了各国在数字经济领域的竞争力，对垄断利润的争夺成为各国参与全球数字经济规则博弈的深层逻辑，这个深层逻辑又具体化为两个方面的行为逻辑：其一是发达国家试图维护和强化其数字垄断地位，发展中国家力求打破发达国家的数字垄断地位；其二是数字垄断资本要进行资本积累，无论是国家间权力斗争还是数字垄断资本积累需要，其重要归结点都是特定的规则体系或制度环境。

一、发达国家维护和强化对先进数字技术和全球数字市场的垄断

理解"垄断利润"概念的关键在于说明超额利润为什么能够长期且稳定地存在，也就是说明产业资本在数字经济领域中自由流动的障碍，这一点在国际数字产业发展过程中表现得非常明显。尽管技术垄断带来的垄断利润在第三次科技革命以来日益突出，但这并不意味着 19 世纪不存在垄

---

① 张宇燕，冯维江. 从"接触"到"规锁"：美国对华战略意图及中美博弈的四种前景 [J]. 清华金融评论，2018（7）：24-25.

断利润或者说在那个时代获得垄断利润是个例外，而只是意味着由于资本集中水平和生产力发展水平都相对较低，垄断利润只能是暂时的，并且在超额利润总量中所占的比重较低。① 然而，在数字经济中，垄断利润已经成为发达国家垄断资本和跨国公司获取超额利润的重要途径，更准确地说，对垄断利润的制度性渴求已经成为数字资本主义的典型特征。

发达国家及其数字垄断资本凭借对数字资源特别是先进数字技术的垄断获取垄断利润，因此它们必然采用多种方式维持、巩固和增强对先进数字技术的垄断。国际数字技术垄断是指跨国公司为维护和巩固其数字技术领先优势而对先进数字技术、核心数字技术等所进行的保密、封锁和控制，根本目的是巩固其在全球数字市场上的竞争优势，从而长期地控制数字市场，实现垄断利润最大化。数字经济中的垄断利润虽然以发明创造、技术改进和知识专利为基础，但其根本特征也在于对技术创新成果的垄断权，但这种垄断是由数字产业技术的经济属性决定的，即垄断资本本身的结构（如进入困难、最低限度的投资规模、专利控制以及卡特尔协议等），技术创新的成果不能在某个生产部门中得到普及，（至少在一个中等时期内）也不能为其他竞争者所使用。②

在全球价值链时代，发达国家跨国公司要使其在特定产品市场上长期保持竞争优势，就必须使其在价值链的某些特定战略环节上取得垄断地位，这些特定战略环节包括新技术和新产品的研发设计、采购、市场营销、售后服务等。其中，新产品和新技术的研发设计环节所形成的国际技术垄断对跨国公司的全球战略布局和定位起决定性作用。③ 在数字经济的背景下，数字技术优势已经成为发达国家跨国公司最重要的垄断优势，跨国公司的所有特性都与控制技术创新有关。④ 从国际技术垄断的具体方式

① 曼德尔. 晚期资本主义 [M]. 马清文，译. 哈尔滨：黑龙江人民出版社，1983：106.

② 曼德尔. 晚期资本主义 [M]. 马清文，译. 哈尔滨：黑龙江人民出版社，1983：220.

③ 曾繁华. 跨国公司全球技术竞争战略及中国企业的应对战略：一个新的跨国公司行为及技术竞争力提升的理论与应用分析框架 [M]. 北京：经济科学出版社，2008：132 - 136.

④ 彭光映，曾繁华. 技术创新竞争力的新内涵及其借鉴与启示——基于发达经济体跨国公司全球技术竞争新视角的分析 [J]. 科技进步与对策，2008，25（2）：27 - 29.

来看，发达国家跨国公司至少可以通过 13 种方式对发展中国家进行技术封锁、控制和垄断，包括 R&D 投资垄断战略、持续创新型技术垄断战略、国内研发出口控制战略、公司体系内部交易战略、FDI 型技术垄断战略、以品牌为外壳的技术垄断战略、专利控制型技术垄断战略、策略联盟型技术垄断战略、并购型技术垄断战略、技术标准控制与垄断战略、军用与民用技术共享战略、技术锁定型技术垄断战略和人才控制型技术垄断战略。①

总之，在数字技术进步速度和产品更新换代速度日益加快以及国际竞争日趋激烈的大背景下，大型跨国公司的竞争日益集中在全球数字技术竞争上，即通过对核心数字技术的垄断来获取竞争优势，从而攫取更多的垄断利润。

除了对先进数字技术的垄断，数字产品和服务的市场需求也是垄断利润形成的物质条件。一般来讲，美国、日本及欧洲发达国家会先于发展中国家研发出某项新技术，并利用新技术生产新产品，即"通过技术创新实现产品创新"。以光刻机为例，光刻机的制造和维护要以高度发达的电子工业和光学研究水平为基础，目前全世界的光刻机主要由荷兰的阿斯麦尔（ASML）、日本的尼康（Nikon）和佳能（Canon）等少数几家企业供应，在最高端的 EUV（极紫外线）光刻机市场，只有阿斯麦尔一家具备生产实力。这种新产品往往附加值高，发达国家凭借技术优势获得了超额利润。根据厄内斯特·曼德尔（Ernest Mandel）的看法，新产品获得超额利润还要以市场的"结构性匮乏"为条件，即对新产品的社会需求长期超过供给，因为只有这样，新产品的社会生产价格才能由最差技术生产者的个别生产价格决定。② 在此基础上，具有较先进技术的生产者才能得到超额利润，因而相对于其他行业，整个行业都将获得超额利润。然而随着时间的推移，一方面技术不断扩散，至少在先进技术的策源国或策源地区得到

---

① 曾繁华. 跨国公司全球技术竞争战略及中国企业的应对战略：一个新的跨国公司行为及技术竞争力提升的理论与应用分析框架 [M]. 北京：经济科学出版社，2008：137–169.

② 如果按照中等技术水平的产品决定社会生产价格，那么拥有最差技术水平的生产者就得不到平均利润，也就不会被利用，因而退出市场。

普及，新产品的供给得到增加，① 另一方面商品的社会需求减少或增速放缓，② 先进技术所有者的垄断利润将趋于下降，整个行业的利润量将不再增加。由此可以看出，先进技术所有者要想获得垄断利润，就不仅要在生产中保持与其他生产者的数字技术领先优势，而且还要在市场中找到需求刚性的条件。

综合来看，发达国家为了保证垄断利润的生产条件和市场条件，一方面加大了对新技术和新产品的研发，另一方面拓展其产品的全球市场，随着科学技术转化为生产力的时间日益缩短以及由此带来的国际竞争加剧，这两方面都有强化的趋势。从生产条件角度看，发达国家一直力图保持对发展中国家的技术领先优势。尽管发达国家及其跨国公司非常注重防止核心技术扩散，但是在全球化时代，一项新的科研成果或新技术会以极快的速度向全球传播，特别是随着新兴经济体自主研发能力的不断增强，发达国家很难长期保证技术领先优势，例如 2017 年 9 月华为海思发布的麒麟（Kirin）970 芯片与苹果 A11、高通骁龙 835、三星 Exynos8895、MTKhelioX30 等芯片就属于同一档次，完全可以称为当时最先进的手机芯片之一。③ 当发展中国家通过自主研发、消化吸收等途径掌握了新技术之后，发达国家就不再具有技术领先优势并丧失垄断利润，因而往往通过直接投资将产能转移到发展中国家，同时不断加大对更新技术、更新产品的研发投入。发达国家掌控技术领先优势的意图还表现在提前进行专利布局上。此外，发达国家围绕核心技术布局了大量外围专利，这些外围专利有些成为主流技术，有些则从未被量产工艺使用，但是经过外围专利的大量布局，余下的技术空白非常少，导致围绕核心技术寻找替代技术非常困难。④ 从市场条件上看，发达国家不断拓展其高科技产品的国际市场，以期尽快

① 孟捷. 技术创新与超额利润的来源——基于劳动价值论的各种解释 [J]. 中国社会科学，2005（5）：4－15.

② 曼德尔.《资本论》新英译本导言 [M]. 北京：中共中央党校出版社，1991：193.

③ 国家知识产权局专利分局和预警工作领导小组主编. 前沿技术领域专利竞争格局与趋势 V [M]. 北京：知识产权出版社，2019：27.

④ 国家知识产权局专利分局和预警工作领导小组主编. 前沿技术领域专利竞争格局与趋势 V [M]. 北京：知识产权出版社，2019：25－26.

获取垄断利润。在传统国际分工体系下，发达国家跨国公司在母国研发新技术和生产新产品，产品销售市场也首先定位于国内市场，在出口国外市场时，一般先是发达国家，然后是发展中国家；与此同时，先进技术从母公司流动到世界各地的子公司。随着全球生产网络的不断发展和全球数字产业竞争的加剧，新产品更新换代的速度加快，当代跨国公司利用已经建立起来的全球营销网络，迅速地把新技术和新产品几乎在同一时间覆盖全球所有主要市场，"不断扩大产品销路的需要，驱使资产阶级奔走于全球各地"，① 其目的是尽快占领东道国市场，同时防止竞争者仿冒。究其根本，发达国家及其数字垄断资本是为了给其数字产品和服务寻找"结构性匮乏"的市场条件，并在全球数字市场上占有尽可能大的地盘。

二、数字垄断资本的两种积累方式

资本本身追求无止境的发展，要进行资本积累，剩余价值是资本积累的源泉。从垄断资本角度看，垄断利润是垄断资本积累的源泉，数字垄断资本追逐垄断利润的根本目的是进行资本积累，也就是成为规模更大的数字垄断资本，② 这种积累包括生产性积累和非生产性积累两种方式。

（一）数字垄断资本的生产性积累

数字产业的发展和产品创新需要大量资金投入研发领域，这种资金量无法由平均利润实现，而是需要垄断利润满足。数字企业创新活动能否成功面临巨大的不确定性，因为创新意味着打破常规，重塑生产函数，特别是战略性新兴产业等高端高新产业往往是高回报与高风险并存，创新活动投资周期长、成本回收慢，结果难以预期。一个完整的创新链包括基础研究、应用研究、开发研究和技术成果产业化等多个环节，所需经费投入逐

---

① 马克思恩格斯文集（第 2 卷）[M]. 北京：人民出版社，2009：35.
② 徐景一对数字资本积累的基本过程及其造成的资本主义基本矛盾激化进行了详细研究，参见徐景一. 马克思资本积累理论视角下的西方数字资本主义批判 [J]. 马克思主义研究，2022（11）：133 – 142.

级增加。以芯片制造业为例，该行业具有"重资产、回收期长和高折旧"的特点。① 其一，芯片制造业需要大规模资本投入，最重要的投资集中在晶圆生产线和光刻机等大型设备上，例如一条晶圆的生产线所需要投入的资金规模从数亿美元到上百亿美元不等，同时资金回收期较长，一般为15～20年；其二，芯片制造业设备的资产折旧年限（通常为5～7年）和价值转移时间（15～20年）严重不匹配，如果芯片制造企业不及时更换更先进的设备，就将面临技术淘汰的风险，这使芯片制造企业承受着巨大的财务压力。更严峻的问题还在于新兴产业领域的威胁。例如IBM依然主导着电脑主机市场，微软依然主导着电脑软件市场，但是这两个市场都已经成熟，并且正在被在线服务、移动服务和云计算等新兴市场超越；为了避免新产品和新技术带来的潜在威胁，IBM和微软在具有高潜力的新兴市场和技术方面做了大量投入，这些都需要巨额垄断利润支撑。

　　垄断利润是数字垄断资本进行资本积累的源泉，垄断利润的生产性运用支撑了数字垄断资本的技术创新。很多发达国家的数字巨头在先期的技术研发中投入了大量资金，并以开放式许可等方式实现技术扩散，将丰富的技术积累转化为市场竞争优势，从而尽可能地攫取了垄断利润；反过来，垄断利润被用于技术的再研发和专利的再创造等生产性领域，又可以使其长久保持技术垄断优势和市场竞争优势，这就使数字垄断资本的技术创新战略形成了"正反馈"的发展模式。以高通公司为例，作为全球信息通信行业的领先者，其主营业务有三大部分，分别是设备与服务销售业务（如卖芯片）、专利授权业务和战略投资业务。高通公司营业收入的主要来源是设备与服务销售业务，但其利润的主要来源则是专利授权业务。该公司2017年财报显示，通过专利授权赚取的利润占公司总利润的64.6%。可以说，没有以专利授权利润的形式存在的垄断利润，高通公司维持经营都很艰难；② 反过来，高通公司多年来坚持将大约20%的年营业收入投入

---

　　① 徐奇渊. 金融业如何支持芯片制造业发展［DB/OL］. 金融四十人论坛，http：//www. cf40. org. cn/news_detail/8021. html，2018－06－06.

　　② 搜狐. 高通每年从中国收取300亿专利费，如果华为专利也收费会是多少［EB/OL］. https：//www. sohu. com/a/260426734_100231553，2018－10－19.

技术创新和再研发，这在全球高科技公司中都算是一个相当高的比例了，[①]而这些新技术往往还需要再等 5~8 年才能被广泛进行商业应用，诚如高通公司技术许可部门高管所说，如果不能持续地获得专利授权利润并且让专利授权利润"反哺"研发环节，没有一家公司可以等待近十年的时间进行研发创新。[②] 因此，垄断利润是数字经济企业进行创新的根本动力，各国都试图争夺这种垄断利润以发展本国的数字经济，提升本国生产力水平。

从更深层次看，与金融资本一样，数字垄断资本的生产性积累推动了社会化大生产的进一步发展，包括推动了全球生产体系、全球流通体系和全球信用体系的革命，这些都是数字垄断资本的"积极职能"。通过这些职能，数字垄断资本作为工具推动着人类的进步。[③] 当然，数字垄断资本及其生产性积累只是使人获得了更多的自由时间和自由发展的可能性，这种可能性只有在一定的制度条件下才能成为现实。更确切地说，以公有制为主体的社会主义市场经济，既能发挥数字垄断资本作为生产要素的积极作用，又有效控制其消极作用，从而尽可能地实现全面发展。

（二）数字垄断资本的非生产性积累

垄断利润并不一定都用于生产性积累，高额的垄断利润和垄断利润预期容易形成狂热的投机浪潮，造成过度繁荣，这种积累属于寄生性积累，养成了新的食利者集团。寄生性积累需要一定的政治条件和经济条件，高额的垄断利润可以被用来影响政治和打压竞争对手，从而塑造了这种政治和经济条件。

---

① 前瞻产业研究院. 十张图带你了解高通 2017 年财报看点 仍处于芯片市场主导地位 [EB/OL]. https://www.qianzhan.com/analyst/detail/220/180428-004bf22b.html，2018-04-30.

② 搜狐网. 高通：技术许可费再投入保持持续创新能力 [EB/OL]. https://www.sohu.com/a/200536418_267106，2017-10-27.

③ 宋朝龙对金融资本的积累逻辑（包括生产性积累、寄生性积累和生产性积累向寄生性积累偏移）作了出色的研究，笔者认为其研究结果也适用于数字垄断资本。参见宋朝龙. 金融资本的悖论逻辑与新民粹主义乌托邦的崛起 [J]. 江苏大学学报（社会科学版），2019，21（6）：1-7；宋朝龙.《资本论》逻辑视域中的金融资本批判——兼评第二届"北马论坛"中的若干经济学观点 [J]. 当代经济研究，2019（11）：103-110；宋朝龙. 列宁金融资本批判理论的科学逻辑及其当代价值 [J]. 马克思主义研究，2020（11）：70-82.

首先，垄断利润及其预期是数字经济领域金融投机和泡沫膨胀的重要基础。数字经济企业尤其是平台企业倾向于扩大规模以占有垄断利润，而金融资本试图将数字企业产生垄断利润的潜力转化为金融市场的估值。① 因此，在这种泡沫发展过程中，垄断利润是基础，政府提供政策引导和财政支持，风险投资等是重要促进力量，其特征是企业股价远超实际价值。可以说，正是垄断利润预期吸引了大量的过剩金融资本，使数字企业的市场估值严重偏离实际价值，导致过度投资和过度繁荣。总之，垄断利润及其预期成为数字经济部门金融化的基础，金融化又成为数字垄断资本积累的引擎，但是这种积累并非建立在实体经济繁荣的基础上，而是陷入了自我循环的金融游戏中。②

其次，数字经济企业的垄断利润养活了新的食利者集团。有学者将平台经济中的垄断利润称为“平台租金”，含义是互联网平台企业利用其对数据、算法及算力的垄断势力而获得的租金收入，具体形式包括平台企业从交易中收取的佣金和因平台用户投放广告所收取的广告费。③ 还有学者认为，数字食利者取决于平台经济，平台正在成为生产、流通或消费过程中必要的媒介，也就是成为社会必要的基础设施，这导致平台的所有者正在成为“互联网地主”。通过对平台这种“生产条件或手段”的控制，“互联网地主”可以通过数据榨取、数字圈地和资本融合等机制从社会经济活动中“索取贡品”，④ 这些贡品正是以垄断利润的形式存在。因此，数字经济中的垄断利润养活了互联网时代的新型食利者阶层——数字食利者。

最后，垄断利润还是发达国家及其数字经济企业影响政治和打压竞争对手的资金来源。根据美国政治反应中心的数据，2020 年上半年脸书以

---

① Langley P, Leyshon A . Platform Capitalism: The Intermediation and Capitalization of Digital Economic Circulation [J]. Finance and Society, 2016, 2 (1): 11 -31.

② 康翟. 资本积累结构金融化变迁及其内在逻辑 [J]. 当代国外马克思主义评论，2021 (4): 196 -209.

③ 齐昊，问严锴. 绝对地租的形成机制：理论评析与当代意义 [J]. 教学与研究，2021 (4): 44 -54.

④ Sadowski J . The Internet of Landlords: Digital Platforms and New Mechanisms of Rentier Capitalism [J]. Antipode, 2020, 52 (2): 562 -580.

1010万美元排在企业游说花费榜第7名，紧随其后的是亚马逊，共花费920万美元；2019年8月至2020年8月，谷歌、亚马逊、脸书和苹果四大科技巨头对华盛顿的游说支出总计5450万美元，比2015年增长35%，与2010年相比增长近500%。这些游说资金主要来自垄断利润，成为社会的非生产性支出，并严重影响了全球数字市场的正常运行。

因此，垄断利润在数字垄断资本积累中既可以用于生产性目的，也可以用于非生产性目的，其生产性积累可以促进数字产业的发展，非生产性积累则不利于数字产业的发展。在美国，数字垄断资本的积累从生产性方式不断向非生产性方式偏移，美国的反垄断政策始终是"高举轻落"，任由数字垄断资本野蛮生长，将造成更深刻的社会危机。在我国，社会主义市场经济不仅能够有效地利用数字垄断资本的生产性积累逻辑克服其非生产性积累逻辑，而且能够有效防止数字垄断资本的无序扩张，规范和引导其健康发展。

总之，如果说高科技产业是决定国家在全球分工体系中地位的基础性条件，[①] 那么垄断利润的归属不仅直接体现了各国数字产业发展水平的差距，而且是各国数字经济持续发展的基础。就发达国家而言，数字垄断利润关乎自身垄断势力的强弱和数字霸权的生存，通过不断地攫取垄断利润，试图保证数字垄断资本的活力，增强对世界体系的控制力。就发展中国家而言，如果能够有效获取并合理利用垄断利润，就可以促进本国数字产业的发展，赶上新一轮科技革命和产业变革的浪潮，改善自身在国际分工体系中的地位。就我国来说，社会主义市场经济不仅能够成功驾驭数字垄断资本，而且能够超越数字经济发展的资本逻辑，在这种制度背景下，数字经济中的垄断利润能够服务于数字经济的高质量发展，提高生活品质，不断实现人民对美好生活的向往，并为我国在世界体系中获得更加平等和公平的数字发展权益创造条件。[②]

---

① 李滨，陈怡. 高科技产业竞争的国际政治经济学分析 [J]. 世界经济与政治，2019（3）：135-154.

② 从理论上讲，当发展中国家打破发达国家的数字垄断之后，特别是随着先进数字技术的普及，国际层面的垄断利润就逐渐变为超额利润甚至一般利润。但是为了突出垄断利润的必要性，本书不加以区分。

第三篇　中国方案

第七章 全球数字经济治理的"中国方案"：主义、主题与主张

随着数字经济向纵深发展，不同国家和不同利益主体在不同议题领域的矛盾将更加复杂多变，如何更好地应对全球数字经济治理进程中的制度复杂性，既是未来全球数字经济治理的重要方向，也对我国参与全球数字经济规则制定提出了重大挑战。为此，我国应综合考虑不同国家和不同利益主体的诉求和自身的比较优势，系统制定全球数字经济治理的"中国方案"。

第一节 我国参与全球数字经济治理的价值导向

我国应在"共商共建共享"的宗旨下，以"尊重网络主权、维护和平安全、促进开放合作、构建良好秩序"为基本原则，秉持包容性原则，坚持多边主义路径，兼顾安全和发展，致力于打造以发展共同体、安全共同体、责任共同体、利益共同体为支柱的"网络空间命运共同体"。

一、以包容性制度凝聚各国共识

我国明确提出要营造开放、公平、公正、非歧视的数字发展环境，这不仅是加强全球数字经济合作的需要，而且有利于促进全球经济复苏

和发展。① 我国坚决反对西方发达国家将数字技术问题政治化和意识形态化，坚决反对西方数字垄断资本借助国家力量不择手段地打压他国企业。今后，我国应更加积极地维护全球数字产品和数字服务供应链的开放、安全和稳定，携手各国政府、国际组织和数字经济企业共同探讨制定能够反映各方意愿、尊重各方利益的全球数字经济治理规则，推动全球数字经济健康有序发展。

各国之间和各国之内的发展不平衡是制约数字经济发展的重要因素，也是各国利益诉求复杂化的根本原因。从社会层面来看，数字技术将使一部分社会群体边缘化，并通过经济社会危机强化"数字赢家"和"数字输家"之间的政治断裂，不利于整个社会的稳定和全球数字经济治理的深入展开，因此我国的全球数字经济治理应致力于提升制度的包容性，以此凝聚各国共识。为了提高数字包容性，我国除了尊重各国的发展水平和监管模式差异，还应致力于缩小数字鸿沟，包括发达经济体与发展中经济体在获取数字技术方面的鸿沟、中小企业与大企业在利用数字转型方面的鸿沟、高技能工人和低技能工人在参与数字产业发展方面的鸿沟等，从而使各国、各阶层都能够分享数字经济发展带来的利益。

二、以多边主义路径为主渠道

目前，我国积极参与国际和区域性多边机制下的数字经济治理合作，推动发起多个倡议、宣言，提出多项符合大多数国家利益和诉求的提案，加强同专业性国际组织的合作，包括推进 APEC 数字经济合作进程、积极参与 G20 框架下数字经济合作、不断拓展金砖国家数字经济交流合作、深化同东盟数字经济合作、积极推动 WTO 框架下数字经济合作、积极开展同世界经济论坛和全球移动通信系统协会的合作等。

---

① 新华社．携手构建网络空间命运共同体［R/OL］．中共中央网络安全和信息化委员会办公室、中华人民共和国国家互联网信息办公室，http：//www. gov. cn/zhengce/2022 - 11/07/content_5725117. htm，2022 - 11 - 07.

我国应充分认识到发展中国家和新兴经济体在 WTO、国际电信联盟（International Telecommunication Union，ITU）等多边平台巨大利益的不可替代性，对发达国家在多边平台的部分合理诉求予以积极回应，推动电子商务谈判和互联网治理在 WTO、ITU 等多边层面取得收获，并坚持多边平台的包容性特点，为发展中国家争取较长的过渡期，继续维护发展中国家享受差别待遇的权利。我国应同时在双边和多边 RTA 谈判中纳入数字经济相关议题，在具有较大争议的领域推动先期谈判尽快展开，并争取早日达成协定，为塑造多边数字经济治理体系树立信心和榜样。

三、坚持发展与安全并重

我国致力于实现网络空间的创新发展和安全有序，一方面采取更加积极、包容、协调、普惠的政策，加快普及全球数字基础设施，为广大发展中国家提供用得上、用得起、用得好的互联网服务，并积极推进发展中国家的数字产业化和产业数字化进程，使数字经济真正成为发展中国家乃至全球经济发展的新引擎；另一方面倡导开放合作的网络安全理念，加强关键信息基础设施保护的国际合作机制建设，进一步增强与发达国家的战略互信，加强与发展中国家在网络安全和数据安全领域的合作，加强与全球各国在应对网络威胁、打击网络恐怖主义犯罪方面的合作。

从合作的可能性和现实性出发，今后我国在全球数字经济治理中应更加强调反映发展中国家和新兴经济体的利益诉求，制定以数字产业化和产业数字化为主要导向的规则体系，鼓励各国建设透明的法律框架，为建设一个更加网络化、智能化的产业体系提供制度保障。同时，深化各国在网络安全领域的对话与合作，既反对美国等发达国家将网络安全问题政治化的行为，又采取有效措施制止利用网络侵害或窃取个人信息、危害他国国家安全和社会公共利益的行为；在打击网络犯罪和网络恐怖主义等方面的合作中，倡导各国通过司法协助渠道跨境调取数据，反对凭借技术优势肆意侵犯他国网络主权和国家安全的行为。

第二节 我国参与全球数字经济治理的议题设定

我国在不同国际机制中关注的数字经济治理议题有较大差别，内容繁多但不具有系统性，例如在提交给 WTO 电子商务谈判的提案中，我国主要关注个人隐私保护、电子传输关税、消费者权益、网络安全、电子签名认证、贸易便利化和数字鸿沟等议题；而在 RCEP 等 RTA 中，我国关注的议题涵盖了贸易便利化、电子商务营商环境、跨境电商促进等领域的诸多议题。今后一段时期，我国应将合作重点集中在数字基础设施、数据治理和数字贸易三大领域，同时开展有针对性的数字技术援助和发展合作。

一、优先推进数字基建及互联互通

我国应优先关注数字基础设施领域的市场准入和互联互通。数字基础设施尤其是传统基础设施的数字化升级是我国推进全球数字经济合作的重中之重。基础设施联通旨在使中国与亚洲尤其是周边各国的发展战略和基建规划对接，通过加强物流和交通运输方面的合作整合区域生产网络，带动投资贸易合作，促进亚洲统一市场的构建。对于亚洲大多数发展中国家而言，交通基础设施每提高 1%，相当于贸易成本降低 0.03%～0.58%，而对于交通基础设施尤其不发达的柬埔寨、缅甸等国来说，这一弹性可达 1.17；在通信方面，通信基础设施提高 1% 能减少 0.07%～0.25% 的贸易成本。[①]

目前，我国正在大力推进全球基础设施投资及互联互通，尤其重视数字基础设施建设，努力提升全球数字互联互通水平。根据 2022 年 11 月国务院新闻办公室发布的《携手构建网络空间命运共同体》白皮书，我国在全球数字基础设施建设及互联互通领域的成就主要包括如下四个方面：第

---

① 孟夏. 亚太区域经济合作发展报告 2014 [M]. 北京：高等教育出版社，2014：407.

一,为全球光缆海缆等建设贡献力量;第二,促进互联网普及应用;第三,北斗成为全球重要时空基础设施;第四,助力提升全球数字互联互通水平。①

在今后的全球数字经济治理中,我国应继续优先发展与各国在数字基础设施领域的合作,构建相应的治理机制和规则标准。第一,在与投资对象合作过程中,要有重点、有目标地扩大数字基础设施的市场准入范围(如从基础电信服务向所有电信服务拓展),建立数字基础设施互联互通的合作与监管机制,完善ICT领域的投资规则,鼓励私人资本参与到信息基础设施互联互通建设中。第二,数字基础设施建设是系统工程,涉及环节较多(如投资、建设和运营维护等),若仅依靠具体项目的落实和处理,缺乏系统设计和规划,则难以进行有效协调。基于此,我国要系统规划数字基础设施投资方案,建立统一的政策和规则体系,明确投资的重点国家和领域,加强对数字基础设施项目的监管和评估,优化基础设施投资的质量,优先推进与周边国家数字基础设施的互联互通。第三,要建立相应的体制机制带动受援国经济增长。数字基础设施投资对象(国家和地区)的经济发展水平、资源禀赋优势、金融市场环境、政治制度等方面存在明显差异,为此,我国应重点关注受援国的实际情况,以东道国的经济和社会发展诉求为基础,以东道国经济增长的薄弱环节和社会经济发展的关键领域为切入点,建立相应的制度、规章和政策,充分发挥数字基础设施投资对当地经济发展的带动作用。第四,为了使数字基础设施投资行稳致远和更好地推进数字互联互通,我国要充分与当地政府进行交流和合作,及时掌握东道国的发展环境和利益变化,同时利用国际会议、双边多边交流平台、政府首脑对话等途径,积极宣传"共商共建共享"理念,对推进过程中取得的突出成果进行展示,消除国际社会的担忧,使数字基础设施建设能够更好地满足东道国的利益。

---

① 新华社.携手构建网络空间命运共同体[R/OL].中共中央网络安全和信息化委员会办公室、中华人民共和国国家互联网信息办公室,http://www.gov.cn/zhengce/2022-11/07/content_5725117.htm,2022-11-07.

二、以 RTA 谈判降低数字贸易成本

在数字贸易领域，我国参与和推动双边和区域性多边谈判是为了使更多国家和社会各阶层都享受到数字经济的便利与实惠。为了实现这一点，目前比较合适的方式是以 RTA 谈判的方式降低数字贸易成本。贸易成本是指产品跨境流动中所产生的成本，是开展对外贸易时需重点考虑的因素，贸易成本的高低决定了企业在开展国际贸易时设定的产品价格是否具有竞争力、企业是否有利可图。因此，贸易成本是影响企业出口和贸易高质量发展的重要原因之一，决定了对外贸易是否能够长期有效进行。不同出口环节面临的贸易成本通常包括运输成本、信息获取成本、市场交易成本、贸易合规成本等主要成本类型。[①] 今后，我国应充分发挥货物贸易大国优势，通过区域数字贸易谈判促进跨境电子商务合作。从议题设定来看，我国应探索在跨境电子商务信用、通关和检验检疫、电子传输、关税豁免、电子签名和电子认证、线上消费者保护等领域建立信息共享和互信互认机制的可行性，加强金融支付、仓储物流、技术服务、线下展示等方面的合作，[②] 将上述议题纳入区域贸易谈判，切实降低数字贸易成本。

RTA 的深度水平是影响贸易成本的重要因素，数字贸易规则越深化，就越能够降低数字贸易成本，从而促进我国数字产品和服务出口。其中不同环节的数字服务贸易成本主要包括信息获取成本、市场交易成本、贸易合规成本，如图 7-1 所示。

---

① 陈松，常敏. 数据规则如何影响数字服务出口——基于贸易成本的中介效应分析 [J]. 浙江学刊，2022，253（2）：88-98；齐俊妍，任奕达. 数字经济渗透对全球价值链分工地位的影响——基于行业异质性的跨国经验研究 [J]. 国际贸易问题，2021（9）：105-121.

② 国家互联网信息办公室、中共中央网络安全和信息化委员会办公室.《"一带一路"数字经济国际合作倡议》发布 [R/OL]. http://www.cac.gov.cn/2018-05/11/c_1122775756.htm，2018-05-11.

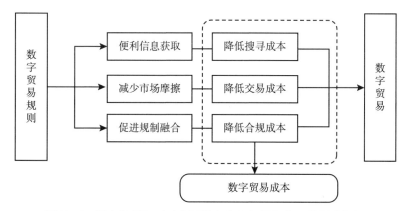

图 7-1 数字贸易规则对我国数字产品与服务出口的影响机制

资料来源：笔者自制。

首先，RTA 可以便利信息获取，降低搜寻成本。传统贸易理论认为，国界分割增加了信息传输和交流的障碍，导致信息成本增加，这是国家间开展跨国贸易受到阻碍的重要原因之一。[①] 搜寻成本是指在贸易发生过程中收集有用信息时所付出的成本，包括当地的贸易政策、合适的贸易目标、主要竞争对手的资料、当地对于产品的偏好、对方市场的贸易环境以及开展贸易可能产生的风险和收益等。为克服国界分割导致的数字贸易所面临的信息不对称问题，有必要适当放松对数据跨境自由流动和传输的限制，使信息流动和使用更加自由便捷，提高信息传输和匹配的效率，降低企业收集有用信息的贸易成本，使企业能够更好地与自身优势相匹配，从而促进贸易的高质量发展和我国数字贸易出口额的增加。[②]

其次，RTA 可以减少市场摩擦，降低交易成本。市场交易成本是在国际专业化分工和商品服务交易过程中产生的，随着国际专业化分工的深

---

① 岳云嵩，李兵，李柔. 互联网会提高企业进口技术复杂度吗——基于倍差匹配的经验研究 [J]. 国际贸易问题，2016（12）：131-141.

② 殷凤，党修宇，李平. 区域贸易协定中数据流动规则深化对服务出口国内增加值的影响 [J]. 国际贸易问题，2023，481（1）：55-72.

入，市场交易成本在贸易中的比重有所提升，成为影响贸易成本的重要因素。[①] 数字贸易规则的建立有利于减少市场摩擦、降低交易成本。第一，数字贸易规则中的市场准入条款规定，使其他 RTA 缔约方享受最惠国待遇和国民待遇，确保其待遇不低于非 RTA 缔约方市场准入者和国内生产商的待遇，在一定程度上降低了市场准入门槛；第二，电子认证、电子签名、无纸化交易等具体数字贸易条款可以减少企业线下签约导致的时间损失，简化交易程序，提高交易效率，降低沟通成本和交易风险；第三，数字贸易规则规范了贸易相关问题，使交易过程更加透明化和标准化，争端解决机制和合作条款促进了数字服务贸易的合作，有效避免因贸易流程不确定或利益拉扯而引发的贸易摩擦，即使产生摩擦也可以通过争端解决机制有效处理，降低贸易交易成本，有利于贸易各方构建紧密的合作关系。因此，数字贸易规则深度的提高可以在降低企业交易成本的同时促进与东道国的数字贸易合作，有利于我国数字贸易出口规模的增加。

最后，RTA 可以促进规制融合，降低合规成本。合规成本主要是指在落实贸易政策、制定监管规章和实施监管行为过程中产生的成本，[②] 是由各国内部监管框架和制度的差异导致的。数字贸易规则的签订和落实促进了贸易伙伴之间的规制融合，有利于降低合规成本。第一，考虑到 RTA 的签署会使各国（地区）就数字贸易规则的制定达成一致意见，在成员之间形成统一的数字贸易政策和监管政策，使参与各方在一定程度上增强其政策和监管标准的协同性和一致性，以及降低企业因政策和监管差异而进行跨境贸易时调整合规流程的成本；[③] 第二，海关程序自动化、简化通关程序等具体规定创新了边境监管模式，降低了边境监管成本，促进国际物

---

① 王涛生. 制度创新影响国际贸易成本竞争力的内在机理研究 [J]. 经济学动态，2010 (2)：42－45.

② 席涛. 政府监管影响评估分析：国际比较与中国改革 [J]. 中国人民大学学报，2007 (4)：16－24.

③ 陈松，常敏. 数据规则如何影响数字服务出口——基于贸易成本的中介效应分析 [J]. 浙江学刊，2022，253 (2)：88－98.

流绩效水平的提高，削减了跨境物流成本；第三，数字贸易规则还有利于贸易双方打破限制性关税和知识产权保护等限制性政策，减少不必要、不合理甚至歧视性的国内限制措施，降低贸易伙伴的市场准入壁垒，更好地促进数字贸易的合作，驱动经贸往来。

三、平衡数据有序流动与数据安全合作

在数据治理领域，我国始终坚持以开放包容的态度推动数据有序流动，同时加强个人信息保护合作。2020 年 9 月，我国发布《全球数据安全倡议》，为制定全球数据安全规则提供了蓝本。2021 年 3 月，我国与阿拉伯国家联盟秘书处共同发表了《中阿数据安全合作倡议》，并于2022 年 6 月在"中国 + 中亚五国"外长第三次会晤中通过《"中国 + 中亚五国"数据安全合作倡议》，这两项文件标志着我国与发展中国家在全球数据治理领域的高度共识。

在全球数据治理中，最重要的规则莫过于跨境数据流动。目前，我国个人数据出境主要有三条路径，分别是通过国家网信部门组织的安全评估、经专业机构进行个人信息保护认证和与境外接收方订立合同。近期，我国相继发布了《数据出境安全评估办法》（简称"安全评估"）《关于实施个人信息保护认证的公告》（简称"保护认证"）和《个人信息出境标准合同办法》（简称"标准合同"），对上述三条路径作出了具体规定。其中，"安全评估"具有法定强制性，一旦触发评估要求，必须向网信部门申报数据出境安全评估，只有在未触发安全评估的情况下，才可选择"保护认证"或"标准合同"作为出境的合法依据。根据武秋圆的总结，三条路径在适用情形、法律依据、常见类型、有效期、实施主体、自评估、备案要求和费用等方面存在差异，具体内容如表 7 - 1 所示。

表 7 − 1 我国个人数据出境三条路径的对比

主要内容	数据出境安全评估	个人信息保护认证	个人信息出境标准合同
适用情形	（1）关键信息基础设施运营者； （2）处理 100 万人以上个人信息的数据处理者向境外提供个人信息； （3）自上年 1 月 1 日起累计向境外提供 10 万人的个人信息或者 1 万人敏感个人信息的数据处理者向境外提供个人信息； （4）向境外提供重要数据	个人信息处理者开展个人信息跨境处理活动	（1）非关键基础设施运营者； （2）处理个人信息不满 100 万人； （3）自上年 1 月 1 日起累计向境外提供个人信息不满 10 万人或自上年 1 月 1 日起累计向境外提供敏感个人信息不满 1 万人
法律依据	2022 年 7 月 7 日，国家互联网信息办公室发布《数据出境安全评估办法》	2022 年 6 月 24 日，全国信息安全标准化技术委员会（简称信安标委）秘书处发布《网络安全标准实践指南个人信息跨境处理活动安全认证规范》； 12 月 16 日，信安标委再次发布《网络安全标准实践指南——个人信息跨境处理活动安全认证规范V2.0》； 2022 年 11 月 18 日，市场监管总局、国家网信办发布《个人信息保护认证实施规则》	2023 年 2 月 24 日，国家互联网办公室发布了《个人信息出境标准合同办法》及其附件《个人信息出境标准合同》
常见类型	法定触发	频发、长期 跨国集团、关联实体	少量、偶发 跨境商业交易或合作 出境场景直接、清晰
有效期	2 年	3 年	依照合同约定
实施主体	国家网信部门	特定认证机构	个人信息处理者及境外接收方
自评估	数据出境安全自评估 + 个人信息保护影响评估	个人信息保护影响评估	个人信息保护影响评估
备案要求	无	无	合同生效后 10 个工作日向省级网信部门备案
费用	无	认证机构收取认证费用	无

资料来源：武秋圆. 企业数据合规：个人信息出境三种路径该如何选择？［DB/OL］. 赛博研究院，http：//news. sohu. com/a/660352697_120076174，2023 − 03 − 29.

在今后的全球数据治理中，我国应将跨境数据流动、计算设施非本地化、个人隐私保护和网络安全作为重点关注议题。当前，我国的数字经济发展已走在世界前沿并面向世界市场拓展业务，在5G等核心技术领域处于全球领先地位，涌现出一批具有全球竞争力的互联网企业。在这种情况下，我国的数据治理应突破内敛式格局，致力于打造更为开放的全球数据空间。当然，全球数据治理要平衡好发展和安全的关系，也就是对数据流动和数据存储加以限制，从而保障网络安全和公共利益，这不仅是世界各国的通行做法，也符合我国历来所倡导的全球数据安全治理理念，因此应通过个人隐私保护和网络安全等议题的谈判有效规制跨境数据流动和数据存储行为。

四、坚持数字技术援助与发展合作

出于维护垄断地位考虑，发达国家不重视技术援助与发展合作；我国作为社会主义国家、新兴经济体和发展中大国，历来十分重视对发展中国家的技术援助与发展合作。面对全球数字鸿沟和各国数字经济发展水平的巨大差异，我国倡议国际社会携起手来，推进信息基础设施建设，弥合数字鸿沟，加强对弱势群体的支持和帮助，促进公众数字素养和技能提升，充分发挥互联网和数字技术在抗击疫情、改善民生、消除贫困等方面的作用，推动新技术、新应用向上向善，加强数字产品创新供给，推动实现可持续的发展，让更多国家和人民搭乘信息时代的快车，共享互联网发展成果，为落实《联合国2030年可持续发展议程》作出积极贡献。① 在全球数字经济合作中，我国始终致力于开展网络扶贫工作，采取多种技术手段帮助发展中国家提高最贫困地区居民以及人口密度低的地区居民的宽带接入，努力为最不发达国家提供普遍和可负担的互联网接入，以弥合"数字

---

① 新华社. 携手构建网络空间命运共同体［R/OL］. 中共中央网络安全和信息化委员会办公室、中华人民共和国国家互联网信息办公室，http：//www. gov. cn/zhengce/2022 - 11/07/content_5725117. htm，2022 - 11 - 07.

鸿沟"的方式消除发展中国家因网络设施缺乏导致的贫困。

今后，我国应继续坚持对发展中国家进行技术援助与发展合作。在目前的全球数字经济治理进程中，技术援助与发展合作并不是焦点议题，但却是发展中国家最为关心的议题之一。为了弥合"数字鸿沟"，我国应综合利用多种平台机制促进发展中国家中小微企业发展，帮助他们利用新一代信息通信技术进行商业模式创新，提升竞争力和开拓新的市场渠道；同时，我国还应加强对发展中国家从业人员的数字化技能培训，提升公众的数字化技能水平，提升发展中国家政府的数字公共服务水平，确保有更多的社会群体从数字经济发展中受益。

第三节　我国参与全球数字经济治理的规则主张

我国不仅要争取主动权和话语权，而且要为数字产业国际化发展预留制度空间。因此，我国应推动规则内容从"边界上"向"边界后"拓展，同时有效利用软约束的执行机制，以更加务实的功能性合作推动国际数字经济秩序建设。

一、规则内容方面

在传统领域的全球治理当中，我国和其他发展中国家都比较重视在"边界上"的合作，对边界内的内容较为谨慎；但是，互联网突破了主权国家之间的领土边界，例如数据跨境流动至少涉及数据的所有者、接收者和使用者，数据的起源地、运送地和目的地，信息基础设施所在地，信息服务提供商的国籍及经营所在地等，以上各方都可能主张本国的数据权利。从这个意义上讲，各国的数字经济治理措施也因此存在"相互依赖"特性。目前，我国在数字经济治理领域的最新主张体现在 RCEP 当中，虽然该协定内容广泛，不仅包括数字经济治理的主要领域和焦点议题，而且突破了我国以往的对外承诺水平（如首次纳入计算设施非本地化和跨境数据流动等条款), 但总体上仍然局限在"边界上"的调整, 对各国的内部监管框架和制度差异以及由此造成的合规成本涉及较少。未来, 我国在设计和推广数字治理的规则内容时要充分考虑数字技术对传统主权观念的挑战, 一方面通过基于各方认同的规则维护各国的网络主权和数据安全, 另一方面通过基于产业发展的规则促进各国的数字监管一致性, 减少不必要、不合理甚至歧视性的限制措施。

在数字贸易方面, 我国应充分意识到强调数字贸易开放的重要性, 有意识地提升开放类规则所占的比重, 不仅要增加开放类具体条款的数量, 还要增加具体条款的深度。当前, 我国互联网企业已经具备一定的全球竞争力, 但是我国 RTA 中开放类规则所包含的数据流动条款的深度较低且限制性较强, 在这种情况下, 我国数据规则的制定应向开放性议题靠拢, 突破内敛式格局, 致力于打造更为开放的全球数据空间, 在今后 RTA 升级谈判和缔结新的 RTA 时应积极纳入解决数据流动障碍、限制数据本地化等具体条款, 占领开放类规则制定的话语权和主动权。

在维护网络主权和数据安全方面, 要充分参考各国认同的规则, 包容不同经济体在安全保障能力、行业监管能力和网络治理能力等方面的差异, 通过个人隐私保护和网络安全等认可度高且约束性强的议题对跨境数据流动和数据存储行为进行有效规制。发展是第一要义, 我国还要基于发展的原则努力弥合数字鸿沟, 包括发达经济体与发展中经济体在数字技术获取方面的鸿沟、中小企业与大企业在利用数字转型方面的鸿沟、高技能工人和低技能工人在参与数字产业方面的鸿沟等, 推动区域安全和发展规则进一步拓展, 从而更好地促进数字服务贸易合作和驱动经贸往来。

在数字协定谈判中加入我国最新的规则主张, 实现对已有 RTA 的提质增效。随着数字经济的快速发展, 特别是数字技术不断更新换代并向传统经济领域渗透, 各国 (地区) 的比较优势以及利益侧重点会不断发生变化, 因此势必对自身政策主张做出调整, 甚至发生明显的立场转换, 因而我国早期签订的 RTA 不一定能完全代表目前的利益诉求, 而且我国较早签订及实施的 RTA 无论是在数字贸易规则覆盖范围、条款深度, 还是法律可执行性上都是较低的, 为使我国已生效数字贸易规则实现趋利避害,就需要在已有 RTA 的基础上与缔约方积极就升级 RTA 达成一致，并将我国最新规则诉求加入升级 RTA 中，对数字贸易规则的条款覆盖率和深度进行拓展，搭建更高标准和更高水平的 RTA 体系。

二、规则执行方面

从执行方面看，鉴于全球数字经济治理各参与方之间的巨大分歧和大多数发展中国家的承受能力，我国在全球数字经济治理体系构建初期，不宜对各方的义务、执行的精确度和政府授权程度作过高要求，而是应实行软约束的执行机制。全球数字经济治理是高度敏感的问题领域，对国家治理能力要求也很高，但是大多数发展中国家面临着产业基础差和治理能力弱的困境，即使很多大国和强国对此也捉襟见肘。例如欧盟对互联网巨头反竞争策略的指控耗时数年，也曾对微软、谷歌和苹果等公司处以巨额罚款，但全球数字经济的垄断格局并没有实质性改变。从根本上讲，数字革命很可能进一步瓦解国家能力，传统国家组织在数字监管以及支撑性资源等方面还存在许多弱项和短板。在这种情况下，如果推行强约束机制很容易造成谈判僵局甚至导致谈判破裂。因此，我国应充分考虑各国在安全保障、行业监管和网络治理等方面的能力差异，在执行机制设计上体现出对不同国家经济体制、法律制度、发展水平和监管模式的关切，在协定类型、具体条款、承诺水平和争端解决等方面增强执行机制的包容性。[①] 例如我国应适当扩大规则覆盖面，把数字服务标准、数字技术标准、电子认证制度和互联网企业社会责任等自愿约束型规则和双边投资保护协定等协商约束型规则作为重点领域，以适当形式增强各国经济政策的协调性。

从理论上讲，深化数字经济合作包含规则强化和功能深化两个方面，我国开展全球数字经济合作时必须兼顾制度性建设（通过全面提升规则强化对成员国的约束力）和功能性建设（通过深化合作内容强化各国经济联

---

① 李墨丝. WTO 电子商务规则谈判：进展、分歧与进路［J］. 武大国际法评论，2020，4（6）：55－77.

系）；但从实践角度看，开展全球数字经济合作时必须突出重点，而我国在这方面的可选项并不多：第一，从历史上看，以发展中国家为主体的经济合作（例如东亚区域经济一体化）具有浓厚的"重功能合作、轻制度建设"的色彩，各国利益的分散性和战略的模糊性也使得发展中国家的数字经济合作不可能成为欧盟和 USMCA 那样统一的、高度制度化的区域经济合作制度；第二，从现实角度看，美欧主导的高标准数字经济规则已经对以发展中国家为主体的数字经济合作机制形成竞争，这种的"规则冲击"正在发展中国家内部划线，使发展中国家分裂为两大阵营——模仿美欧模板的成员与不模仿美欧模板的成员，使得发展中国家的数字经济合作机制面临被边缘化的风险。这种情况迫使发展中国家对自身的国际数字经济合作战略进行重新定位，并以务实的功能性合作推动国际数字经济秩序的建设。

我国与其他国家开展数字经济合作的政策思路应当是"避美欧高水平规则之锋芒，行数字经济深度合作之实"。我国应接受并充分利用既存的多层次机制和最基本的制度保障，以功能性建设为重点，以数字经济关系的深度整合与深化为主要内容；同时，适度推进制度建设，注重依赖于市场机制和政策协商形成统一的软约束型规则，使规则建设服务于功能性合作，而不是简单地提升规则的约束力。这样做的根源在于：由于美国同盟体系和发达国家的数字垄断优势等多重因素，新兴经济体和其他发展中国家所推动的全球数字经济治理进程面临结构性制约，美国按照本国数字垄断资本利益制定的所谓"高水平"规则并不符合新兴经济体和其他发展中国家的利益及国际政治经济现实。对于发展中国家而言，真正的"高水平"规则应是能够促进本国数字经济高质量发展和全球数字经济合作的规则。更重要的是，不断平行、嵌套、重叠的国际制度环境并未从根本上制约我国与其他新兴经济体和发展中国家的数字经济合作，制度规则建设始终是不断互动融合的结果而非前提，这与欧美等发达国家在开展全球数字经济合作时将制度建设放在首位有根本不同，今后只有通过更为扎实的双边数字外交和更有深度的多边数字经济合作才能为未来高水平的全球数字经济治理体系建设奠定基础。

    总之，在各国竞相塑造全球数字经济治理未来的背景下，我国亟须正确认识和把握全球数字经济治理的制度复杂性特征以及我国数字经济发展与全球数字经济治理的互动机制。在价值理念层面，我国应将制度包容性、多边主义路径以及产业发展与网络安全并重等理念融入治理进程。从议题设定方面看，我国应将谈判重点集中到国际制度需求大且我国具有比较优势的领域；从规则主张方面看，我国应将不同国家的规则接受度和产业发展的制度空间结合起来，渐进式推动"边界后"规则谈判，同时利用软约束的执行机制提升谈判效率，从而构建全球数字经济治理的"中国方案"。

第八章 以"中国方案"应对"数字丝绸之路"推进中的合规风险

共建"数字丝绸之路"倡议是我国深刻把握世界经济数字化转型趋势，充分发挥数字经济在"一带一路"建设中的基础性、战略性和先导性作用的重要举措。"数字丝绸之路"是"一带一路"倡议的数字化升级，"一带一路"横跨数十国，涉及外交、投资、发展规划对接、国际经济合作和人文交流等诸多方面；"数字丝绸之路"旨在以全方位、立体化、网络状的数字互联互通建设推进中国与其他国家的数字经济合作，体现了中国对外开放战略乃至整体经济发展战略的升级，因而具有多层次、综合性的含义，国内外政界、学界和媒体对此都给予了极大关注。

第一节 "数字丝绸之路"建设的主要成就

从内涵上看，"数字丝绸之路"是以发展中国家为重点，以数字基础设施及数字互联互通为基础，以多元化合作机制为特征，以构建"网络空间命运共同体"为目标的区域性多边合作倡议。自 2017 年提出以来，"数字丝绸之路"已经从理念转化为行动，从愿景转变为现实，"一带一路"沿线的数字基础设施、智慧城市和数字贸易等领域的合作进行得如火如荼。2020 年以来，在新冠疫情冲击之下，数字经济国际合作成为欧盟、东盟、非盟等地区的战略优先。2020 年伊始，欧盟连续发布《塑造欧洲的数字未来》《人工智能白皮书》《欧洲数据战略》三份战略性文件，后来

157

受新冠疫情影响，欧盟提出"地平线欧洲"（Horizon Europe）计划，再次追加对数字科技领域的研发投入。东盟正处于数字经济发展起步阶段，疫情加快了东盟与中国在数字经济领域的合作，包括深化数字技术在防疫抗疫和复工复产中的应用、数字基础设施建设、智慧城市发展等。非盟在新冠疫情期间制定了《非洲数字转型战略（2020～2030）》，该战略的目标之一是打造新的融资模式，实现非洲的数字化转型。在此背景下，我国也把开展数字经济合作作为推动"一带一路"高质量发展的重要内容。

一、携手推进全球数字基础设施建设

目前，我国正在大力推进全球基础设施投资及互联互通，尤其重视数字基础设施建设，努力提升全球数字互联互通水平。根据2022年11月发布的《携手构建网络空间命运共同体》白皮书并结合其他公开材料，我国在全球数字基础设施建设领域的成就主要包括以下三个方面。[①]

第一，携手推进全球光缆海缆建设。在跨国通信领域，国际光缆建设及互联互通水平直接关系到一个国家的通信水平，全球95%以上的跨境数据通过跨洋光缆进行传输，其中包括军事通信和金融交易等高度敏感数据。[②] 我国在光缆制造领域已经形成了长飞、亨通、烽火、中天、富通5大企业，亨通、中天等企业在深海海缆制造方面已经实现突破，其中亨通已完成5000米深海测试，另外华为在海缆传输领域的光通信技术方面全球领先。[③] 在项目经验上，亨通、中天已经打入欧美市场，华为[④]成为全

---

① 国家互联网信息办公室、中共中央网络安全和信息化委员会办公室.《"一带一路"数字经济国际合作倡议》发布 [R/OL]. http：//www.cac.gov.cn/2018－05/11/c_1122775756.htm，2018－05－11.

② 武琼. 深入海底：中美两国在海缆领域的战略竞争 [J]. 新疆社会科学，2021（1）：71－80.

③ 中国信息通信研究院. 中国国际光缆互联互通白皮书（2018）[R]. 北京：中国信息通信研究院，2018：9.

④ 2020年，亨通集团收购华为下属的华为海洋有限公司，华为海洋公司后更名为华海通信技术有限公司。参见武琼，蒲婧新. 中美在海底光缆领域的战略竞争及影响 [J]. 和平与发展，2022（4）：81－102.

球重要的海缆系统集成商之一，具备跨洋海缆总承包交付能力和经验。[①]
中国企业支持多国数字基础设施建设项目，为发展中国家打开了数字化信
息高速通道；通过光纤和基站助力开展信息通信基础设施建设，提高相关
国家光通信覆盖率，推动当地信息通信产业的跨越式发展，大幅提高了网
络速度，降低了通信成本。

第二，大力普及新一代互联网技术。我国致力于开展国家顶级域名系
统服务平台海外节点建设，覆盖全球五大洲，面向全球用户提供不间断
的、稳定的国家域名解析服务；推广 IPv6 技术应用，为企业通信技术、
信息技术、云计算和大数据技术的深度融合转型构筑全球"IPv6 +"网络
底座，创新"IPv6 +"应用。5G 技术是我国数字技术创新的代表性成果，
在"数字丝绸之路之路"建设中，我国与相关国家积极开展 5G 技术创新
及开发建设合作，例如支持南非建成非洲首个 5G 商用网络和 5G 实验室。
此外，我国还利用新一代互联网技术助力传统基础设施数字化升级改造，
在"六廊六路多国多港"互联互通的大格局下，推进公路、铁路、港口、
桥梁、通信管网的数字化升级，加强人工智能、大数据等数字技术与基础
设施领域的深度融合，提升基础设施服务效率，挖掘基础设施高质量发展
的新动能。此外，云计算、人工智能等新兴数字技术的创新应用给"数字
丝绸之路"增添了新动力，例如 2020 年，中国云计算积极为非洲、中东、
东南亚国家以及共建"一带一路"国家提供云服务支持。

第三，推动北斗相关产品及服务惠及全球。我国持续推动北斗系统的
国际化发展，积极开展国际合作与交流，服务"一带一路"建设，让北斗
系统更好地服务于全球各国，具体包括加强与其他卫星导航系统的兼容共
用、按照国际规则合法使用频率轨位资源、持续推动北斗系统进入国际标
准、积极参与国际卫星导航领域多边事务和大力推动卫星导航国际化应
用。[②] 目前，北斗相关产品已出口至全球一半以上国家和地区，与阿盟、

[①]　中国信息通信研究院. 中国国际光缆互联互通白皮书（2018）［R］. 北京：中国信息通
信研究院，2018：9.

[②]　中华人民共和国国务院新闻办公室. 中国北斗卫星导航系统［R/OL］. http：//www. gov.
cn/xinwen/2016 – 06/16/content_5082748. htm，2016 – 06 – 16.

东盟、中亚、非洲等地区的国家和区域组织持续开展卫星导航合作与交流，建立卫星导航双边合作机制，开展卫星导航系统兼容与互操作协调。推动北斗系统进入国际标准化组织、行业和专业应用等标准组织，使北斗系统更好地服务于全球用户和相关产业发展。北斗"走出去"的应用领域和应用案例见表8-1。

表8-1   北斗"走出去"的应用领域和应用案例

应用领域	应用案例
交通运输	国内多家企业在交通运输领域形成的应用解决方案，特别是"重点运输过程监控管理服务应用"受到"一带一路"地区用户的广泛关注，并在南非、赞比亚、加纳、吉布提、埃塞俄比亚、阿尔及利亚等多国成功应用，在非洲多国跨境运输、矿区车辆监管调度上发挥良好作用
智慧施工	一是上海司南导航公司的基于北斗/GNSS的桩机智能引导控制系统已经应用于马尔代夫阿拉赫岛高精度打桩项目，实现了海上打桩智能化监控和高精度施工。二是上海华测导航公司的基于北斗的静音打桩系统已在新加坡应用，每个打桩点的精度都到达厘米级，减少了打桩误差，大幅提高了钻机的钻孔速度
智慧物流	一是以优博讯为代表的中国企业，物流终端的占有率已经超过4%，且用户对北斗智能终端有迫切需求。二是嘉里物流（Kerry Logistics）在最新的泰国地区项目中开始小批试用100套国内品牌北斗手持终端，项目明年预估超8000套。三是东南亚电商公司Lazada公司2018年已经采购北斗手持终端2000套，2020年的需求过万套。四是从已经合作的海外电商用户需求来看，2018~2019年终端出货2000套，2019~2020年的意向合同数为10000套
海洋渔业	东南亚多个国家向中国行业主管部门或国内相关企业提出北斗应用合作诉求
精准农业	国内合众思壮、司南等北斗导航终端厂商已经尝试走出去，与所在国相关部门联合开展精准农业合作示范项目
能源资源	在缅甸某大型铜矿项目，前期矿区内所有设备都是基于GPS系统，目前由北方公司牵头，在该矿区实施基于北斗的边坡安全检测项目，已建成一座北斗基准站和一批表面位移监测站，后续计划在该矿区进行全面推广
防灾减灾	巴基斯坦、印度尼西亚、阿盟红十字会等共建"一带一路"的国家和相关组织明确表示了防灾减灾领域的应用需求；埃塞俄比亚、埃及等国也提出与中国开展防灾减灾领域合作的诉求
安防安保	国内相关企业已与老挝公安部签署丰沙里省城平安城市建设合作，在项目中植入3个北斗地基增强系统和应急救援、指挥调度功能。此外中国企业已在研究将北斗引入海外人员及车辆定位和应急报警系统

应用领域	应用案例
增强系统综合应用	导航增强系统及高精度终端产品和解决方案已输出到超过 100 多个国家和地区，泰国、老挝、文莱、柬埔寨、印度尼西亚、尼泊尔、乌克兰、哈萨克斯坦、巴基斯坦、沙特、阿尔及利亚等国家均与中国相关企业开展合作，推动国家级导航增强系统的建设或提出建设需求

资料来源：韩立岩，陈建宇，姚婷. 北斗走出去，赋能数字"一带一路"［J］. 经济与管理研究，2021，42（5）：3 - 11. 有删减。

二、跨境电子商务合作成果丰硕

从功能性合作角度看，我国跨境电商经历了萌芽期（1999～2004年）、成长期（2004～2015年）、成熟期（2015年以来）三个阶段。在萌芽期，跨境电商平台（主要是阿里巴巴国际站）只提供黄页服务和单纯的信息撮合（B2B），推广国内企业产品，帮助企业（特别是中小企业）出口，不涉及线上交易，支付、物流和通关等环节均在线下完成，也没有沉淀真实的交易数据。在成长期，新的跨境电商平台出现了，如敦煌网、兰亭集势、天猫国际等，交易模式也由单一的 B2B 转变为 B2B、B2C 并存，B2B 的部分交易实现线上化，B2C 交易基本实现线上化，支付、物流和外贸综合服务等供应链服务逐渐在平台上线，交易数据实现部分沉淀。在成熟期，随着订单需求日趋碎片化，B2B2C 模式开始出现，同时供应链服务呈现明显的生态化特征，交易数据基本实现沉淀，以阿里巴巴国际站为例，信保业务全面上线使交易全链路数据基本实现沉淀，平台汇聚的两千多种数字化工具为企业提供全方位的供应链服务。[1] 我国电商平台还助力全球中小企业开拓中国市场，在非洲 20 多个国家实施"万村通"项目，共享数字经济发展红利。

从制度性合作角度看，截至目前，我国已与 16 个国家签署"数字丝

---

[1] 马述忠. 数字经济时代中国中小企业跨境电商白皮书［R/OL］. 浙江大学中国数字贸易研究院，http：//cace. zju. edu. cn/newsinfo. aspx？id = 18208.

绸之路"合作谅解备忘录,与24个国家建立"丝路电商"双边合作机制,建立了中国－中东欧国家、中国－中亚五国电子商务合作对话机制,中国－东盟信息港、中阿网上丝绸之路建设成效日益显著。① 我国积极参与WTO、G20、APEC、金砖国家、上合组织等多边和区域贸易机制下的电子商务议题讨论,与自贸伙伴共同构建高水平数字经济规则,RCEP电子商务章节成为目前覆盖区域最广、内容全面、水平较高的电子商务国际规则;② 此外,我国还通过政企对话、联合研究、能力建设等推动多层次合作机制,为跨境电子商务合作营造良好的发展环境,为构建全球数字经济发展与合作新格局奠定贸易基础。

从已有成就上看,跨境电商以其低成本、高效率和突破时空限制得到了全球消费者的青睐,特别是自"数字丝绸之路"倡议提出以来,我国跨境电商进出口交易总额从2017年的902.4亿元增长到2021年的19800亿元。③ 跨境电子商务的成就不仅在于总额增长迅速,更重要的是产业生态不断丰富,带动了跨境物流、跨境支付和数字人民币等其他领域的发展。从跨境物流角度看,我国海外仓数量从2019年超过1000个到2021年超过2000个,总面积超1600万平方米,业务范围辐射全球,其中90%分布于北美、欧洲、亚洲市场。④ 部分龙头企业已经建成先进的信息管理系统,能够实时对接客户、对接商品、对接仓储配送等信息,还创新开展了高质量的售后、供应链金融、合规咨询、营销推广等增值服务。从跨境支付角度看,跨境电商金融服务从收结汇向全链条转变。我国银行通过与跨境电商平台合作,为境内跨境电商经营者提供身份认证、店铺授权、海外收款、监管申报、登记、境内收结汇、境内资金划转等一站式全周期的金融

---

① 新华社. 2021年我国跨境电商进出口规模近2万亿元 [DB/OL]. http：//www. gov. cn/xinwen/2022－10/29/content_5722451. htm, 2022－10－29.

② 国家互联网信息办公室、中共中央网络安全和信息化委员会办公室.《"一带一路"数字经济国际合作倡议》发布 [R/OL]. http：//www. cac. gov. cn/2018－05/11/c_1122775756. htm, 2018－05－11.

③ 洪勇,李峰. 我国跨境电商发展的新趋势、新问题及对策建议 [J]. 中国对外贸易, 2022（10）：32－35.

④ 全国电子商务公共服务网. 电子商务资讯摘要（2022年6月15日）[EB/OL]. https：//dzswgf. mofcom. gov. cn/news/44/2022/6/1655462617541. html.

解决服务。从数字人民币角度看，2021 年 5 月，数字人民币在海南首次应用到跨境电商进口支付场景并成功落地，实现了从消费者到平台的结算闭环，使跨境电商支付过程经济性、安全性更强。①

三、互联网企业积极拓展海外市场

我国互联网企业出海经历了三个阶段，分别是探索阶段（2000～2011年）、发展阶段（2012～2015 年）和深耕阶段（2016 年至今）。2016 年之后，在国内推动力和全球吸引力的双重因素驱动下，我国互联网企业出海步伐加快。一方面，我国互联网产业已经进入相对成熟阶段，互联网企业的业务经验非常丰富，政府始终关注互联网企业发展海外业务，并提供了多方面的支持政策；另一方面，全球市场存在诸多机遇，例如拉丁美洲的金融科技市场、中东的游戏市场、东南亚的电商市场日渐庞大。目前，我国互联网企业在发展海外业务时有如下两个特点。第一是市场地域广泛，但是不同地域品类侧重不同。我国互联网企业已经覆盖至亚太市场、欧美市场、中东市场和拉丁美洲市场等全球主要市场，例如在亚太市场侧重于游戏类及工具类应用，在欧美市场侧重于短视频及游戏类应用。第二是产品和业务垂直领域细分，例如实用工具领域细分出资讯类、内容类、摄影类等。②

从业务领域角度看，我国互联网企业"出海"主要经营移动游戏、移动电商、社交媒体、泛娱乐、金融科技和实用工具六大类业务。③

第一，在移动游戏领域，拉丁美洲、中东、俄罗斯等新兴市场用户支出远超中国，发展前景广阔。近年来，疫情影响结合游戏的玩法多样化，各国手游用户支出金额稳步增长，拉丁美洲、中东、欧洲及东南亚部分国

---

① 洪勇，李峥. 我国跨境电商发展的新趋势、新问题及对策建议 [J]. 中国对外贸易，2022（10）：32－35.

② 杜静彩. 我国互联网企业国际化战略研究 [D]. 天津：天津商业大学，2021：14－16.

③ 华为云、易观分析. 互联网出海白皮书 2022 [R/OL]. https：//www.analysys.cn/article/detail/20020736，2022－09－09.

家表现出色；同时，在监管方面，绝大部分海外国家或地区的游戏监管体系整体上较为宽松，除了数据/隐私保护等全行业合规要求需要注意外，游戏公司在出海的过程中所需要的关于游戏内容本身的合规成本相对较低，有助于降低我国互联网企业的合规成本。

第二，在移动电商领域，新兴市场引领全球电商增长，东南亚、拉丁美洲增速超20%。此外，伴随着RCEP落地，移动电商税费成本降低，物流效率提高，我国互联网企业移动电商业务还有望取得更好的成绩。

第三，在社交媒体领域，我国互联网企业社交媒体类App出海获得巨大成功，例如WeChat、Likee等在全球市场崛起。我国互联网企业的海外社交媒体业务正在将娱乐内容与实体经济联系起来（例如Likee将直播带货带出海外，一键下单、跳转电商平台等操作远胜海外其他平台），而且得到了实体经济企业的支持，例如2020年华为利用自身海外运营资源和本地化能力帮助Likee在中东、俄罗斯、印尼、巴基斯坦、孟加拉国、墨西哥、巴西、埃及等国家和地区发展业务。

第四，在泛娱乐领域，阅读、短视频等中国内容助力全球内容产业升级。在阅读层面，该市场具备规模增长潜力，中资企业出海历程已久，从内容搬运、平台搭建到IP出海，逐步打开海外市场。我国互联网企业海外阅读类App已整体具备较强竞争力，优质内容集中于头部平台手中，我国互联网企业海外网文发挥创作者服务经验，积极培育海外原创作者生态，依靠内容构建市场竞争力。在短视频层面，基于算法和优质内容的加持，短视频大量抢占用户线上娱乐时长，TikTok已经成为全球短视频免费榜排名第一的App，同时，随着PUGC模式（即"专业用户生产内容"或"专家生产内容"）的兴起，用户编辑、分享需求激增，编辑类App正在成为我国互联网企业出海的新的增长点。

第五，在金融科技领域，我国互联网企业海外业务进展较慢，截至2021年，仅有5家中资金融科技企业市值进入全球Top100排名。

第六，在实用工具领域，工具（手机清理、VPN、文件管理等）类App和生产效率（协同办公、密码锁、日程表等）类App下载量增长迅速，2021年全球实用工具免费榜前10名的中国互联网企业App有两个，该类 App 适合广告投放，变现能力强，因此发展空间很大。

第二节 "数字丝绸之路"推进中的合规风险

数字经济是"规则密集型"的经济形态，因此合规是我国数字经济企业经营认可度和合法性的重要来源。"合规"与"合规风险"最早出自金融界，例如 1997 年《新巴塞尔协议》首次对"合规"和"合规风险"进行了界定。伴随着制度规则问题在国际竞争中的重要性日益突出，"合规"和"合规风险"概念开始被广泛应用在国际经济等更广泛的领域中。合规风险（compliance risk）有狭义和广义两种解释。在狭义上，"合规风险"是指我国企业因违反相关规则（包括法律法规、行业技术标准、商业惯例和国际规范等）而遭受财产损失、声誉损失以及其他负面影响的可能性，简言之就是"企业因违规导致的风险"；在广义上，"合规风险"不仅包括狭义上的合规风险，更包括我国企业在海外业务拓展过程中所有因制度规则因素导致的风险，本书在广义上使用此概念。目前，我国数字经济企业面临的合规风险主要体现在体系、国家和市场三个层面。

一、体系层面

首先，多边体系的"规则赤字"。全球数字经济规则体系尚处于构建期，尽管目前 WTO 启动了电子商务谈判进程，IMF 已经着手研究数字货币及其跨境支付问题，世界银行开始关注数字基础设施建设的投融资问题，但是数字基础设施市场准入、数字贸易治理、数字知识产权保护以及跨境数据流动等关键问题尚未解决，特别是在跨境数据自由流动、计算设施非本地化、数字交易税等关键议题上分歧较大，个别领域所形成的规则也只是暂时性的，例如 WTO 尚未就数字产品永久性免征关税作出决议，只是在每次部长会议上予以延期，因此距离形成统一的、全方位的多边规则体系尚需时日。多边体系的"规则赤字"造成了严重的数字市场壁垒和较高的数字经济交易成本，不利于国际数字经济合作的展开，这也意味着"数字丝绸之路"缺乏多边体制的制度保障。

其次，区域层面的"规则竞争"。目前，"数字丝绸之路"尚未形成统一的、具有约束力的区域（间）合作机制或规则，与此同时，全球各主要国家（包括我国）都在通过巨型FTA制定区域数字经济规则，这使"数字丝绸之路"面临明显的规则竞争。全球数字经济治理一直被欧美主导，并形成了以自由主义为导向的美式模板和以规制主义为导向的欧式模板，"数字丝绸之路"虽然有部分发达国家参与，但大多数都是发展中国家，因而更加强调网络安全和产业发展，在数字市场准入、跨境数据流动、数据安全、个人隐私保护等方面与美式模板和欧式模板有分歧，从而在客观上给"数字丝绸之路"向纵深方向拓展带来压力。

最后，霸权国的"规则围堵"。由于互联网的全球化属性，合规风险还表现在我国与国际体系主导国之间，典型事例是美国利用"长臂管辖权"对"数字丝绸之路"进行"规则围堵"。为了阻止我国数字经济企业进军海外市场，美国对我国企业进行了全方位的打压和遏制，不仅将我国多个企业列入出口管制的"实体清单"，而且运用长臂管辖权阻止其他国家与我国企业开展合作，封锁我国5G、无人机等先进技术的海外应用。目前，美国正在全球寻求同盟以推动"长臂管辖"公约化和合理化，进一步加强其海外执法能力，这些做法已经严重干扰了我国数字经济企业海外业务拓展。

二、国家层面

首先，"数字丝绸之路"的合作范围非常广泛，当前推进重点集中在数字基础设施互联互通、数字贸易、智慧城市建设和网络安全合作等领域，未来可能深入到数字货币及跨境支付、智能物流等前沿领域。然而，不同的国家往往在数字经济就绪度、数字市场开放程度和数字经济监管体制等方面存在巨大的差别，如果双方不能实现政策、制度和标准等规则意义上的对接，就容易造成规则摩擦。特别是在数字技术和信息化建设较落后的国家，数字经济监管或缺位，或保守，我国数字经济企业在东道国开展相关业务时难免会产生摩擦，这是国家层面合规风险的表现。

其次，有的东道国可能会强化相关法律法规，从而对我国数字经济企业产生限制。目前，"一带一路"沿线很多国家都在强化国家安全方面的制度安排，这种做法既有策略性的一面，也有原则性的一面。策略性的一面更多地从现实需要出发，例如地缘政治需要、防范出现垄断等；原则性的一面是保证政府对战略性领域的控制，从而更好地服务于本国发展。但是，如果东道国通过立法或强化法律要求的做法被滥用，将会影响我国数字经济企业的正常运营。

最后，有的东道国会运用行政手段强制排除我国数字经济企业的产品和服务，此类手法更具政府干预属性。这种手法名义上是说我国企业不合规，但起决定作用的是对产业发展等方面的考虑。

三、市场层面

市场层面的合规风险有主观和客观两个方面，主观方面是我国数字经济企业可能存在不守规则的情况从而带来风险，客观方面是竞争对手对行业规则的垄断带来的风险。

从主观方面看，我国数字经济企业进行国际化经营的经验不够丰富，可能触犯相关法律法规。数字经济企业是"重数据资产"企业，掌握着海量用户信息和国家重要数据，随着大数据和数字经济全球化时代的到来，数据出境已渗透到个人生活和企业经营的方方面面，数据违规出境随之成为重点监管问题。然而，我国数字经济企业往往信息安全意识淡薄，在跨国合作、海外运营及国外上市等过程中存在泄露数据的现象，数字经济企业自身的合规风险也随之上升。例如，华山医院与华大基因公司未经许可与英国牛津大学开展中国人类遗传资源国际合作研究，将部分人类遗传资源信息从网上传递出境，我国科技部依据相关法规对华山医院和华大基因进行行政处罚，包括取消国际合作项目、销毁未出境数据等。①

从客观方面看，全球互联网巨头通过垄断技术标准等行业规则挤压我国数字经济企业的国际市场空间。与一般认识相反，世界市场上的大多数规则并不是由政府制定的强制约束型规则，而是依赖于市场机制产生的自愿约束型规则。企业遵守规则就能受益（即使是短期的），违背规则就会受损，② 最典型的就是技术标准。全球互联网巨头是数字经济领域微观规则的构建者，其根本原因在于对技术标准等行业规则的垄断。国际技术标准是最底层的国际经济规则，也是影响我国数字经济企业发展的重要规则系统之一，但是在数字经济各细分行业的技术标准制定中，发达国家跨国公司试图排除我国企业的方案，从而掌握技术标准的制定权。例如，在5G技术标准制定过程中，美国、欧洲、日本和韩国等国孤立和挤压华为公司的方案，限制我国企业在技术标准领域的规则话语权。③ 我国数字经济企业一旦接受了国外互联网巨头的技术标准，就意味着修改甚至放弃自己的技术路线、运营模式和发展道路。

第三节　以"中国方案"推动"数字丝绸之路" 高质量发展

通过"体系—国家—市场"三个层面的典型事实可以看出，合规风险的表现形式多种多样，其背后隐藏着多种行为主体基于多重动机的复杂互动关系。针对数字合规风险，我国应以全球数字经济治理的"中国方案"为基准，一方面应采取积极措施消弭其不良影响，预防其传染、扩大和升级，另一方面要防范与其他风险的叠加，避免给"数字丝绸之路"建设带

---

① 中青在线. 科技部对华大基因等6家公司开出行政处罚决定书［EB/OL］. http：// news. cyol. com/yuanchuang/2018 – 10/26/content_17724315. htm.

② 李向阳. 国际经济规则的实施机制［J］. 世界经济，2007（12）：3 – 12.

③ 全球5G标准出现了以美国高通公司主导LDPC码方案、中国华为公司主导的Polar码方案和韩国LG公司指导的Turbo码方案。杜传忠，陈惠宣. 全球新一代信息技术标准竞争态势及中国的应对战略［J］. 社会科学战线，2019（6）：89 – 100.

来新的危机。

一、战略定位

目前来看，"数字丝绸之路"推进中遇到合规事件后，我国的主要反制措施是抗议、整改和接受质询。不可否认，这些措施都有其必要性，但在数字经济全球化和大国关系复杂化的背景下，我国有必要把"数字丝绸之路"推进中的合规风险置于整个世界体系中加以思考，从与世界体系的制度互动角度明确防控措施的战略定位。

从制度层面观察，我国与美国主导下的世界体系的关系主要经历了三个阶段。第一个阶段是"请进来"。改革开放之后，我国的开放政策为美国等发达国家提供了全新的市场空间和发展动力，并给我国经济发展带来巨大成功。这种"请进来"的政策与国际经济体系没有实质性冲突，不仅如此，美国等西方国家本阶段对中国的体制转型也抱有某种意识形态上的期待。第二个阶段是"接轨"。在不长的时间内，中国加入了许多重要的国际经济组织，这意味着中国开始接受现存世界体系的制度规则，并以此来规范、约束和调整自己的行为。当然，对中国来说，这种接轨并非全盘接受，而是有选择地接受；但是对美国等西方发达国家来说，这种接轨不应仅是经济上的，而且应发生在社会和政治领域，也就是说，中国与西方国家在接轨的方向、方式和程度上存在根本性的认知差异。[①] 第三个阶段是"走出去"，随着多年的经济发展，中国企业具备了"走出去"的条件和动力，这为全球各国特别是发展中国家带来了难得的发展机遇，如近些年提出的"一带一路"倡议就得到了广大发展中国家的支持。但是在仍主导当今国际经济体系的既得利益者们看来，中国的制度影响力也随之扩展到全球各个角落，如美国就采用了越来越激进的手段企图阻碍中国制度影响力的拓展。

---

① 郑永年. 通往大国之路：中国与世界秩序的重塑 [M]. 北京：东方出版社，2011：105－114.

实际上，我国目前的"走出去"仅发生在经济层面，制度层面的"走出去"刚刚起步。应当看到，单纯的"经济走出去"是脆弱的。例如近年来中国加大了对西方国家的投资力度，但部分西方国家却认为中国对基础设施和部分高科技产业的投资是出于政治动机，必须建立新的投资筛选框架进行约束。① 尽管在我国看来中资企业的投资是给当地带去了发展机会，但东道国一方面接受中国的投资，另一方面防范中国的投资，其原因就是缺乏制度认同和制度保障，这两项恰恰是国际制度性权力的重要内容。

总之，我国应将数字合规风险纳入一个更宏观的框架思考和解决，着眼点应在于争取国际制度性权力，毕竟在以规则治理为基础的国际经济体系中，制度性权力已经成为我国极为缺乏但又必须掌握的战略性资产，围绕制度性权力的竞争将是未来大国博弈的重要内容。②

二、推进路径

(一) 国内建设

争取国际数字制度性权力的基础是把国内的事情做好。在我国经济的资源配置中，各种体制机制性问题仍然存在，政府和市场的边界划分不甚清晰，因此需要进一步完善社会主义市场经济体制。此外，我国应进一步完善外资准入和管理制度，继续精简外商投资负面清单，同时也要在项目审批、财税制度、金融体系、法律法规等领域分步骤地进行制度创新。

(二) 双边路径

在双边路径中，中国应更多从微观层面入手，特别是应考虑加强与西

---

① Bruegel. China's Strategic Investments in Europe：The Case of Maritime Ports ［DB/OL］. http：//bruegel. org/2018/06/chinas-strategic-investments-in-europe-the-case-of-maritime-ports/，2018 - 06 - 27.

② 陈伟光，王燕. 全球经济治理制度性话语权：一个基本的理论分析框架 ［J］. 社会科学，2016（10）：16 - 27.

方国家社会中各利益集团的沟通。例如美国商界是中美经贸关系的直接受益者，在以往的中美经贸摩擦中，他们对避免中美两国陷入僵局起到了建设性作用，① 大多不赞同美国政府采取的"贸易战""科技战"等做法，更主张通过政策协调解决问题。我国可以通过适时、适度地开放商品市场、服务市场和金融市场，在一定程度上分散美国的对华制度压力。

（三）区域路径

在以往的全球经济治理中，国际经济规则呈现出更有利于美国及其盟友的"俱乐部式"治理模式。进入 21 世纪以来，随着全球公共问题的增多和美国实力的相对下降，全球经济治理中的权力结构正在发生变化，以金砖国家为代表的新兴经济体的利益诉求正在凸显，其在全球数字经济合作中掌握更多话语权的意愿和能力也在上升。我国应加强与金砖国家的制度互动，抵制发达国家的不合理要求，在具体议题的解决和治理规则的制定上发挥作用，加速推进全球数字经济治理向更民主的方向转型。②

我国还应加快区域数字贸易协定谈判进程，包括 CPTPP 和 DEPA 等。区域数字贸易协定是推进"数字丝绸之路"的重要平台。加快区域数字贸易协定谈判是我国积极参与国际数字经济规则制定、争取全球数字经济治理领域制度性权力的重要途径，应逐步构筑起立足周边、辐射"一带一路"的区域数字贸易协定网络，使我国与各伙伴国的数字经济合作更为紧密，人员往来更加便利，利益更为融合。"数字丝绸之路"本身也将为形成以中国为"轮轴"的区域数字贸易协定网络创造良好环境和基础。因此，中国需要立足大周边，重点经营以亚太地区合作为基础的区域数字贸易协定网络，同时重点加强与"一带一路"沿线发展中国家的传统自贸区建设，打造"南南 FTA"样板，创造一个能参与全球数字经济规则制定的区域平台。

---

① 李俊久，姜默竹. 美国对华汇率外交中的利益集团政治 [J]. 当代亚太，2014（4）：69 - 100.

② 苏宁，等. 全球经济治理制度性权力变化新趋势 [M]. 上海：上海社会科学院出版社，2018：27.

（四）多边路径

美国等西方国家的很多做法背离了 WTO 的原则与宗旨，我国要充分利用多边贸易体制坚决回击，包括提起诉讼。我国应更多地发挥联合国在网络空间国际治理中的主渠道作用，坚持真正的多边主义，反对一切形式的单边主义。国际多边机构已形成了一套较为成熟的行为规则，但是我国需要对这些已有规则进行新的阐释，发展其中蕴含的国际共识，如平等互信的协商性原则、议程内容的科学性原则、项目施工的可操作性原则、发展模式的包容性原则、责任承担的能力性原则和经济发展的可持续性原则，积极争取自身在国际经济体系、国际安全体系和国际发展体系中的制度空间，从而使"数字丝绸之路"真正融入国际和地区发展议程当中。

总之，"数字丝绸之路"是我国数字经济走向世界的重要事件，是我国发挥大国作用、承担大国责任的重要尝试，不仅反映了我国和发展中国家共同的利益诉求，而且将惠及全世界的可持续发展，有助于改善世界数字经济治理结构，对于建立公正合理公平的国际数字经济秩序有重大意义。在推进过程中，"数字丝绸之路"应坚持清晰的指导理念，妥善处理各种矛盾，充分估计各类合规风险，在风险防范和化解上多管齐下，加强与东道国的政策协调，从而构建"网络空间命运共同体"。

附　　录

附表 1　　　　　　　　　　　**全球数字贸易规则指标体系**

一级指标	二级指标	三级指标	具体条款
开放类规则	贸易促进	协议的一般规定	（1）是否涉及电子商务条款？（2）是否包含电子商务专章？（3）是否包含 WTO 规则对电子商务的适用性？（4）是否包含电子商务透明度？（5）是否包含促进电子商务发展的内容？
		市场准入	（1）是否规定电子商务的国民待遇？（2）是否规定电子商务最惠国待遇？（3）是否为电子商务所需的计算机相关服务部门提供了市场准入和国民待遇承诺？（4）是否为电子商务所需的电信服务部门提供了市场准入和国民待遇承诺？（5）是否为电子商务所需的金融服务部门提供了市场准入和国民待遇承诺？
		关税	（1）是否有关于电子传输免征关税的规定？（2）是否包含载体媒体定制价值的规定？
		电子交易框架	（1）是否包含国内法律框架与贸易法委员会《1996 年电子商务示范法》保持一致的规定？（2）是否包含国内法律框架与《联合国国际合同中使用电子通信公约》保持一致的规定？（3）是否包含电子认证、电子签名或数字证书的规定？（4）是否包含避免电子商务的不必要障碍，或尽量减少电子商务的监管负担的内容？
		贸易便利化和物流	（1）是否包含有关无纸化交易的规定？（2）是否包含海关程序自动化的规定？
		内部税的特定排除	是否包括对内部税的特定排除？

一级指标	二级指标	三级指标	具体条款
开放类规则	数据流动	电子商务的跨境数据流动	（1）电子商务章节是否包含数据流动的规定？（2）电子商务章节是否有解决数据流障碍的机制？（3）电子商务章节是否有禁止或限制数据本地化要求的规定？（4）数据自由流动的未来讨论
		服务贸易的跨境数据流动	（1）电信章节中是否提到数据流传输？（2）计算机和相关服务章节中是否提到数据流传输？（3）视听章节中是否提到数据流传输？（4）金融服务章节中是否提到数据流传输？
		政府部门	是否包括关于开放政府数据的规定？
		源代码、算法和加密	（1）是否包括禁止披露软件源代码作为准入、分发、销售或使用此类软件的条件？（2）是否包括禁止转让或提供加密手段或算法作为准入、分发、销售或使用产品或服务的条件？
监管类规则	隐私保护	消费者保护	（1）是否包括在线消费者保护的规定？（2）是否包括非应邀电子信息的规定？
		个人数据保护	（1）是否包含数据保护规定？（2）是否包含无条件的数据保护规定？（3）是否包括根据国内法进行的数据保护规定？（4）是否包括承认某些关键原则的数据保护规定？（5）是否包含有关承认某些国际标准的数据保护规定？（6）是否包含作为最小限制措施的有关数据保护的规定？
	网络监管	互联网服务提供商（ISP）责任	是否包含有关互联网服务提供商（ISP）的责任条款？
		互联网服务提供商（ISP）的安全港	是否包含有关互联网服务提供商（ISP）的安全港条款？
安全与发展类规则	安全	网络安全	是否包含有关网络安全的条款？
		适用于电子商务和数据的一般例外情况	是否包含适用于电子商务和数据的一般例外情况？
		数据流动或电子商务的例外和其他灵活性；电子商务和数据的整体例外情况	是否包含据流动或电子商务的例外和其他灵活性；是否包含电子商务和数据的整体例外情况的内容？
		电子商务的特定例外情况	是否包含电子商务的特定例外情况？
		国家安全例外	在电子商务、隐私保护或数据流动等章节内容中是否规定了国家安全例外？

一级指标	二级指标	三级指标	具体条款
安全与发展类规则	发展	中小企业	是否包括促进中小企业（SMEs）或中小微企业（MSMEs）参与电子商务的条款？
		技术合作	（1）是否包括对信息通信技术合作条款的理解？（2）是否包括电子商务相关问题的合作条款？（3）是否包括缔约方参与国际论坛以促进电子商务的条款？（4）是否考虑电子商务的具体制度安排，例如工作组、委员会等？

资料来源：根据 TAPED 数据库整理得到。

附表 2　　数字贸易规则对我国数字服务出口影响的估计结果

变量	（1） $\ln EX_{it}$	（2） $\ln EX_{it}$	（3） $\ln EX_{it}$	（4） $\ln EX_{it}$
rta_{ijt}	0.110 *** （-2.983）			
$open_{ijt}$		0.179 *** （-3.000）		
$regu_{ijt}$			0.0605 *** （-2.831）	
$sede_{ijt}$				0.111 *** （-2.846）
$\ln GDP_{it}$	0.0618 （-0.617）	0.064 （-0.636）	0.058 （-0.574）	0.061 （-0.615）
$\ln GDP_{jt}$	1.347 *** （-22.881）	1.344 *** （-22.843）	1.352 *** （-22.966）	1.346 *** （-22.936）
$\ln Dist_{ij}$	-1.808 *** （-7.070）	-1.799 *** （-7.051）	-1.829 *** （-7.158）	-1.800 *** （-7.054）
$Compos_{ij}$	3.096 *** （-20.218）	3.086 *** （-20.121）	3.104 *** （-20.268）	3.100 *** （-20.334）
$Comlang_{ij}$	5.096 *** （-13.807）	5.089 *** （-13.814）	5.114 *** （-13.853）	5.095 *** （-13.848）
$Contig_{ij}$	2.708 *** （-16.478）	-0.866 *** （-6.886）	2.710 *** （-16.486）	2.712 *** （-16.537）

续表

变量	(1) $\ln EX_{it}$	(2) $\ln EX_{it}$	(3) $\ln EX_{it}$	(4) $\ln EX_{it}$
常数项	−25.361 *** (−7.290)	−25.389 *** (−7.313)	−25.232 *** (−7.252)	−25.420 *** (−7.319)
年份效应	YES	YES	YES	YES
国家（地区）效应	YES	YES	YES	YES
N	330	330	330	330
R^2	0.9938	0.9938	0.9938	0.9938

注：括号中为每个参数对应的 t 值；*** 代表变量系数在 1% 的水平上显著。

附表 3　　　　　　　稳健性检验：更换核心解释变量

变量	虚拟变量法	条款计分法			
	(1) $\ln EX_{it}$	(2) $\ln EX_{it}$	(3) $\ln EX_{it}$	(4) $\ln EX_{it}$	(5) $\ln EX_{it}$
rta_{ijt} （虚拟变量 0—1）	0.123 *** (−2.893)				
rta_{ijt}		0.0187 *** (−4.950)			
$open_{ijt}$			0.0349 *** (−5.139)		
$regu_{ijt}$				0.0650 *** (−4.100)	
$sede_{ijt}$					0.0824 *** (−5.189)
常数项	−25.39 *** (−7.345)	−13.12 ** (−2.466)	−13.09 ** (−2.465)	−12.80 ** (−2.403)	−13.25 ** (−2.487)
控制变量	YES	YES	YES	YES	YES
年份效应	YES	YES	YES	YES	YES
国家（地区）效应	YES	YES	YES	YES	YES
N	330	330	330	330	330
R^2	0.9938	0.9695	0.9696	0.9692	0.9695

注：括号中为每个参数对应的 t 值；*** 、 ** 分别代表变量系数 1% 、5% 的显著性水平。

附表4　　　　　　　　稳健性检验：更换估计方法

变量	Tobit				PPML			
	(1) EX_{it}	(2) EX_{it}	(3) EX_{it}	(4) EX_{it}	(5) EX_{it}	(6) EX_{it}	(7) EX_{it}	(8) EX_{it}
rta_{ijt}	0.121 ** (2.504)				0.213 *** (4.458)			
$open_{ijt}$		0.190 *** (2.782)				0.335 *** (6.618)		
$regu_{ijt}$			0.0696 ** (2.436)				0.115 *** (5.749)	
$sede_{ijt}$				0.118 *** (2.868)				0.223 *** (15.178)
常数项	−45.51 *** (−25.704)	−45.57 *** (−26.065)	−45.69 *** (−26.484)	−22.72 *** (−4.153)	−22.72 *** (−4.153)	−22.63 *** (−4.277)	−20.59 *** (−3.850)	−21.79 *** (−4.427)
控制变量	YES	YES	YES	YES	YES	YES	YES	YES
年份效应	YES	YES	YES	YES	YES	YES	YES	YES
国家（地区）效应	YES	YES	YES	YES	YES	YES	YES	YES
N	330	330	330	330	330	330	330	330

注：括号中为每个参数对应的 t 值；*** 、** 分别代表变量系数1% 、5% 的显著性水平。

附表5　　　　　　　　　　内生性检验

变量	加入前置核心解释变量				时滞变量滞后一期			
	(1) $\ln EX_{it}$	(2) $\ln EX_{it}$	(3) $\ln EX_{it}$	(4) $\ln EX_{it}$	(5) $\ln EX_{it}$	(6) $\ln EX_{it}$	(7) $\ln EX_{it}$	(8) $\ln EX_{it}$
rta_{ijt}	0.146 * (1.905)							
rta_{ijt-1}	−0.0527 (−0.738)							
$open_{ijt}$		0.234 ** (2.019)						
$open_{ijt-1}$		−0.0885 (−0.836)						

续表

变量	加入前置核心解释变量				时滞变量滞后一期			
	(1) $\ln EX_{it}$	(2) $\ln EX_{it}$	(3) $\ln EX_{it}$	(4) $\ln EX_{it}$	(5) $\ln EX_{it}$	(6) $\ln EX_{it}$	(7) $\ln EX_{it}$	(8) $\ln EX_{it}$
$regu_{ijt}$			0.0850* (1.683)					
$regu_{ijt-1}$			−0.0297 (−0.619)					
$sede_{ijt}$				0.139** (2.173)				
$sede_{ijt-1}$				−0.0508 (−0.864)				
rta_{ijt+1}					0.117*** (3.036)			
$open_{ijt+1}$						0.197*** (3.258)		
$regu_{ijt+1}$							0.0569*** (2.734)	
$sede_{ijt+1}$								0.130*** (3.437)
$\ln GDP_{it+1}$					0.0833 (0.977)	0.0853 (1.003)	0.0782 (0.914)	0.0841 (0.989)
$\ln GDP_{jt+1}$					1.230*** (25.627)	1.226*** (25.591)	1.236*** (25.67)	1.228*** (25.659)
常数项	−24.33*** (−6.971)	−24.31*** (−6.973)	−24.28*** (−6.958)	−24.34** (−6.979)	−22.90*** (−7.506)	−22.93*** (−7.533)	−22.77*** (−7.454)	−16.45*** (−4.535)
控制变量	YES	YES	YES	YES	YES	YES	YES	YES
年份效应	YES	YES	YES	YES	YES	YES	YES	YES
国家（地区）效应	YES	YES	YES	YES	YES	YES	YES	YES
N	308	308	308	308	308	308	308	308
R^2	0.9941	0.9941	0.9941	0.9941	0.9948	0.9949	0.9948	0.9949

注：括号中为每个参数对应的 t 值；***、**、* 分别代表变量系数1%、5%、10%的显著性水平。

附表 6　　　　　　　　　动态面板模型估计结果：系统 GMM 模型

	系统 GMM 模型			
	（1） $\ln EX_{it}$	（2） $\ln EX_{it}$	（3） $\ln EX_{it}$	（4） $\ln EX_{it}$
$\ln EX_{it-1}$	0.628 *** （－9.724）	0.627 *** （－9.707）	0.629 *** （－9.780）	0.627 *** （－9.656）
rta_{ijt}	0.0650 * （－1.721）			
$open_{ijt}$		0.105 * （－2.006）		
$regu_{ijt}$			0.0306 * （－1.861）	
$sede_{ijt}$				0.0749 ** （－2.797）
常数项	－1.272 （－0.808）	－1.302 （－0.870）	－1.361 （－0.898）	－1.276 （－0.856）
控制变量	YES	YES	YES	YES
年份效应	YES	YES	YES	YES
国家（地区）效应	YES	YES	YES	YES
N	286	286	286	286
AR（1）	0.015	0.015	0.015	0.015
AR（2）	0.207	0.206	0.208	0.204
Hansen 检验	0.816	0.834	0.992	0.819

注：括号中为每个参数对应的 t 值；***、**、*分别代表变量系数1%、5%、10%的显著性水平；AR（1）、AR（2）是对残差差分进行一阶和二阶序列相关检验报告的 P 值；Hansen 是对工具变量合理性进行过度识别检验报告的 P 值。

附表 7　　　　　　　　数字贸易规则贸易效应的异质性分析：分部门

变量	（1） 保险养老金	（2） 金融	（3） 知识产权	（4） 电子信息	（5） 其他	（6） 个人文化娱乐
rta_{ijt}	0.400 *** （4.353）	0.484 *** （3.626）	1.042 *** （4.051）	0.144 ** （2.122）	0.0776 ** （2.424）	0.812 *** （8.401）
常数项	－13.05 ** （－2.442）	2.941 （0.443）	－22.12 *** （－3.019）	－18.25 *** （－2.816）	－12.45 *** （－4.474）	1.081 （0.281）
控制变量	YES	YES	YES	YES	YES	YES

续表

变量	（1） 保险养老金	（2） 金融	（3） 知识产权	（4） 电子信息	（5） 其他	（6） 个人文化娱乐
年份效应	YES	YES	YES	YES	YES	YES
国家（地区）效应	YES	YES	YES	YES	YES	YES
N	330	330	330	330	330	330
R^2	0.9693	0.9316	0.9183	0.9816	0.9953	0.9128

注：括号中为每个参数对应的 t ；*** 、** 、* 分别代表变量系数1%、5%、10%的显著性水平。

附表8　　数字贸易规则贸易效应的异质性分析：分国别地区

变量	发达经济体				发展中经济体			
	（1） $\ln EX_{it}$	（2） $\ln EX_{it}$	（3） $\ln EX_{it}$	（4） $\ln EX_{it}$	（5） $\ln EX_{it}$	（6） $\ln EX_{it}$	（7） $\ln EX_{it}$	（8） $\ln EX_{it}$
rta_{ijt}	0.180*** （-4.498）				0.576** （-2.529）			
$open_{ijt}$		0.278*** （-4.605）				0.492* （-1.812）		
$regu_{ijt}$			0.0984*** （-4.057）				0.542*** （-2.787）	
$sede_{ijt}$				0.180*** （-4.45）				0.588** （-2.232）
常数项	-37.11*** （-22.411）	-37.11*** （-22.509）	-37.10*** （-22.150）	-37.11*** （-22.564）	-32.95*** （-11.936）	-33.08*** （-11.996）	-32.71*** （-11.681）	-33.28*** （-12.438）
控制变量	YES	YES	YES	YES	YES	YES	YES	YES
年份效应	YES	YES	YES	YES	YES	YES	YES	YES
国家（地区）效应	YES	YES	YES	YES	YES	YES	YES	YES
N	120	120	120	120	210	210	210	210
R^2	0.9967	0.9967	0.9965	0.9967	0.9886	0.9885	0.9886	0.9886

注：括号中为每个参数对应的 t 值；*** 、** 、* 分别代表变量系数1%、5%、10%的显著性水平。

参 考 文 献

[1] 布哈林 . 世界经济和帝国主义 [M]. 蒯兆德，译 . 北京：中国社会科学出版社，1983.

[2] 蔡中兴 . 帝国主义理论发展史 [M]. 上海：上海人民出版社，1987.

[3] 陈其人 . 布哈林经济思想 [M]. 上海：上海社会科学院出版社，1992.

[4] 陈其人 . 陈其人文集：经济学争鸣与拾遗卷 [M]. 上海：复旦大学出版社，2005.

[5] 陈其人 . 帝国主义经济与政治概论 [M]. 上海：复旦大学出版社，2013.

[6] 陈其人 . 帝国主义理论研究 [M]. 上海：上海人民出版社，1984.

[7] 陈其人 . 世界体系论的否定与肯定 [M]. 北京：时事出版社，2004.

[8] 陈其人 . 殖民地的经济分析史和当代殖民主义 [M]. 上海：上海社会科学院出版社，1994.

[9] 陈人江 . 世界体系的基本矛盾与苏联解体 [J]. 世界社会主义研究，2021（11）.

[10] 程恩富 . 马克思主义制度经济理论探讨 [J]. 学习与探索，2009（3）.

[11] 东艳 . 国际经贸规则重塑与中国参与路径研究 [J]. 中国特色社会主义研究，2021（3）.

[12] 丰子义. 垄断时期的"世界体系"——列宁关于世界历史的分析视角 [J]. 党政干部学刊，2013（5）.

[13] 冯维江. 安全、不完全契约与国际规则 [D]. 北京：中国社会科学院研究生院，2008.

[14] 高峰. 发达资本主义经济中的垄断与竞争——垄断资本理论研究 [M]. 天津：南开大学出版社，1996.

[15] 顾钰民. 马克思主义制度经济学——理论体系·比较研究·应用分析 [M]. 上海：复旦大学出版社，2005.

[16] 霍布森. 帝国主义 [M]. 卢刚，译. 上海：上海人民出版社，2017.

[17] 李滨，陈怡. 高科技产业竞争的国际政治经济学分析 [J]. 世界经济与政治，2019（3）.

[18] 李滨，杨蓉荣. 历史唯物主义基本概念范畴在国际研究层面的体现 [J]. 欧洲研究，2019（2）.

[19] 李滨. 马克思主义的国际政治经济学研究逻辑 [J]. 世界经济与政治，2015（7）.

[20] 李翀. 新的历史条件下马克思绝对地租理论研究 [J]. 政治经济学季刊，2019（3）.

[21] 李国学，东艳. 国际生产方式变革、国际经济规则重塑与制度型开放高地建设 [J]. 学海，2020（5）.

[22] 李墨丝. CPTPP＋数字贸易规则、影响及对策 [J]. 国际经贸探索，2020（12）.

[23] 李向阳. 国际经济规则的实施机制 [J]. 世界经济，2007（12）.

[24] 列宁. 帝国主义是资本主义的最高阶段 [M]. 北京：人民出版社，2014.

[25] 列宁专题文集·论无产阶级政党 [M]. 北京：人民出版社，2009.

[26] 列宁专题文集·论资本主义 [M]. 北京：人民出版社，2009.

[27] 林岗，张宇. 马克思主义与制度分析 [M]. 北京：经济科学出

版社，2001.

［28］林岗，刘元春．诺斯与马克思：关于制度的起源和本质的两种解释的比较［J］．经济研究，2000（6）.

［29］刘典．数据治理的"不可能三角"［J］．文化纵横，2022（2）.

［30］刘晗．平台权力的发生学——网络社会的再中心化机制［J］．文化纵横，2021（1）.

［31］刘皓炎．数字帝国主义［M］．北京：中国青年出版社，2023.

［32］刘皓琰，柯东丽，胡瑞琨．数字帝国主义的形成历程、基本特征与趋势展望［J］．政治经济学评论，2023（1）.

［33］刘维春．列宁帝国主义论的再理解［M］．北京：社会科学文献出版社，2013.

［34］马克思恩格斯全集（第30卷）［M］．北京：人民出版社，1995.

［35］马克思恩格斯文集（第2卷）［M］．北京：人民出版社，2009.

［36］马克思恩格斯文集（第7卷）［M］．北京：人民出版社，2009.

［37］马克思恩格斯选集（第1卷）［M］．北京：人民出版社，1995.

［38］迈克尔·奎特，顾海燕．数字殖民主义：美帝国与全球南方的新帝国主义［J］．国外理论动态，2022（3）.

［39］门洪华．霸权之翼：美国国际制度战略［M］．北京：北京大学出版社，2005.

［40］孟捷．技术创新与超额利润的来源——基于劳动价值论的各种解释［J］．中国社会科学，2005（5）.

［41］欧阳向英，刘国平，李燕．马克思主义世界政治经济基础理论研究［M］．北京：中国社会科学出版社，2015.

［42］欧阳向英．马克思主义国际政治经济学的几个基础性问题［J］．青海社会科学，2016（5）.

［43］庞珣，何晴倩．全球价值链中的结构性权力与国际格局演变［J］．中国社会科学，2021（9）.

［44］齐昊，李钟瑾．平台经济金融化的政治经济学分析［J］．经济学家，2021（10）：14－22.

［45］萨米尔·阿明.全球化时代的资本主义［M］.丁开杰,等译.北京:中国人民大学出版社,2005.

［46］盛斌,陈丽雪.区域与双边视角下数字贸易规则的协定模板与核心议题［J］.国际贸易问题,2023(1).

［47］宋朝龙,吴迪曼.金融资本的寄生性积累与21世纪新版大萧条［J］.当代经济研究,2021(10).

［48］王正毅.世界体系论与中国［M］.北京:商务印书馆,2000.

［49］希法亭.金融资本［M］.福民,等译.北京:商务印书馆,2009.

［50］徐景一.马克思资本积累理论视角下的西方数字资本主义批判［J］.马克思主义研究,2022(11).

［51］杨天宇.平台经济垄断利润的来源与反垄断监管［J］.马克思主义研究,2022(6).

［52］姚中秋.世界体系的裂变与中国共产党的成立［J］.开放时代,2021(4).

［53］余淼杰,郭兰滨.数字贸易推动中国贸易高质量发展［J］.华南师范大学学报(社会科学版),2022(1).

［54］余南平.全球数字经济价值链"轴心时代"的塑造与变革［J］.华东师范大学学报(哲学社会科学版),2021(4).

［55］张建新.激进国际政治经济学［M］.上海:上海人民出版社,2011.

［56］张宇燕,冯维江.从"接触"到"规锁":美国对华战略意图及中美博弈的四种前景［J］.清华金融评论,2018(7).

［57］赵景峰.世界经济体系:演进与发展趋势［M］.北京:中国社会科学出版社,2016.

［58］周念利,陈寰琦.RTAs框架下美式数字贸易规则的数字贸易效应研究［J］.世界经济,2020(10).

［59］周念利,陈寰琦.数字贸易规则"欧式模板"的典型特征及发展趋向［J］.国际经贸探索,2018(3).

［60］周念利，吴希贤．中美数字技术权力竞争：理论逻辑与典型事实［J］．当代亚太，2021（6）.

［61］Bruegel. China's Strategic Investments in Europe：The Case of Maritime Ports ［DB/OL］．http：//bruegel. org/2018/06/chinas-strategic-investments-in-europe-the-case-of-maritime-ports/，2018 - 06 - 27.

［62］Gao H. Digital or Trade? The Contrasting Approaches of China and US to Digital Trade ［J］．Journal of International Economic Law，2018，21（2）.

［63］Ines Willemyns. Agreement Forthcoming? A Comparison of EU，US，and Chinese RTAs in Times of Plurilateral E-Commerce Negotiations ［J］．Journal of International Economic Law，2020（1）.

［64］JBIC. Survey Report on Overseas Business Operations by Japanese Manufacturing Companies ［R/OL］．https：//www. jbic. go. jp/en/information/reference/reference-2021/contents/202105_spot. pdf.

［65］Jonathan E，Hillman. Influence and Infrastructure：The Strategic Stakes of Foreign Projects ［R］．Washington：Center for Strategic and International Studies，2019.

［66］Kensuke Yanagida. Japan's Connectivity Initiatives in the Indo-Pacific ［EB/OL］．https：//www. nbr. org/publication/japans-connectivity-initiatives-in-the-indo-pacific/.

［67］Langley P，Leyshon A . Platform Capitalism：The Intermediation and Capitalization of Digital Economic Circulation ［J］．Finance and Society，2016，2（1）.

［68］Murphy A M . Great Power Rivalries，Domestic Politics and Southeast Asian Foreign Policy：Exploring the Linkages ［J］．Asian Security，2017，13（3）.

［69］New Zealand Ministry of Foreign Affairs and Trade. Digital Economy Partnership Agreement between Singapore，Chile & New Zealand（"DEPA"）.［DB/OL］．https：//www. mfat. govt. nz/assets/Trade-agreements/DEPA/DEPA-Chile-New-Zealand-Singapore-21-Jan-2020-for-release. pdf.

［70］Nicholas R. Lardy. China：Forced Technology Transfer and Theft？［DB/OL］. https：//piie. com/blogs/china-economic-watch/china-forced-technology-transfer-and-theft，April 2020.

［71］OECD. Handbook on Measuring Digital Trade，Version 1［R/OL］. https：//www. oecd. org/fr/sdd/stats-echanges/handbook-on-measuring-digital-trade. htm.

［72］Paul Rosenstein-Rodan. Problems of Industrialization of Eastern and South-Eastern Europe［J］. Economic Journal，1943：202 – 211.

［73］Robert D. Atkinson. "Building Back Better" Requires Building in Digital［R/OL］. Information Technology & Innovation Foundation，https：//itif. org/publications/2021/05/10/building-back-better-requires-building-digital/.

［74］Sadowski J . The Internet of Landlords：Digital Platforms and New Mechanisms of Rentier Capitalism［J］. Antipode，2020，52（2）.

［75］The White House. National Security Strategy of the United States of America［R］. Washington：2017（12）.

［76］USTR. Section 301 Report into China's Acts，Policies，and Practices Related to Technology Transfer，Intellectual Property，and Innovation［R］. Washington：2018（3）.

［77］World Trade Organization. World Trade Report 2018——The Future of World Trade：How Digital Technologies Are Transforming Global Commerce［R/OL］. https：//www. wto. org/english/res _ e/publications _ e/world _ trade _ report18_e. pdf.

［78］安倍首相. 第二百一回国会における安倍内閣総理大臣施政方針演説［EB/OL］. https：//www. kantei. go. jp/jp/98 _ abe/statement/2020/0120shiseihoushin. html.

［79］第 21 回経協インフラ戦略会議「質の高いインフラパートナーシップのフォローアップ」［R/OL］. http：//www. kantei. go. jp/jp/singi/keikyou/dai21/siryou1. pdf.

［80］第 46 回経協インフラ戦略会議「PPP・現地パートナー」［R/

OL］. https：//www. kantei. go. jp/jp/singi/keikyou/dai46/siryou. pdf.

［81］日本外務省．自由で開かれたインド太平洋［R/OL］. https：//www. mofa. go. jp/mofaj/gaiko/page25_001766. html.

［82］外務省．「日米豪政府の『インド太平洋におけるインフラ投資に関する三機関間パートナーシップ』に関する共同声明」［R/OL］. https：//www. mofa. go. jp/mofaj/files/000420367. pdf.

后　记

我一直对马克思主义政治经济学抱有浓厚兴趣，大学时曾用一年时间通读了马克思的《资本论》，为了理解马克思的创作方法，还自学了《德意志意识形态》和黑格尔的《小逻辑》，并开始了解国际政治经济学这门学问。但因能力不够，学得不深，理解比较粗浅。在研究生期间，我开始系统学习国际政治经济学，博士论文的选题也是用国际政治经济学理论解释东亚区域经济合作。进入河北大学任教以来，我依然保持着对马克思主义政治经济学的热情，不仅承担了相关课程的教学工作，而且认真研读了列宁的《帝国主义论》，并学习了很多前辈学者的著作，包括陈其人先生的《帝国主义经济与政治概论》。

在学习过程中，我逐渐加深了对列宁帝国主义理论的认识。如果说马克思的《资本论》不仅是对资本主义生产方式的"解剖"，而且阐述了市场经济运行的一般规律及其政治经济后果，那么列宁的《帝国主义论》不仅揭示了帝国主义的本质和五大特征，而且暗含着对垄断资本主导下市场经济的运行规律及其政治经济后果的理论分析。之所以是"暗含着"，是因为《帝国主义论》的写作目的在于解决帝国主义战争的性质以及无产阶级革命的问题，而不在于全面研究垄断资本主义。如何在坚持列宁帝国主义理论的基础上，对当代垄断资本主义经济与政治的基本问题作出新的理论概括，是当代理论工作者的重大任务。此外，"世界体系"并不是西方马克思主义学者或左翼学者的"专利"，马克思、卢森堡、布哈林和列宁等人都曾提出过相关概念或理论，特别是列宁的帝国主义理论蕴含着丰富的世界体系思想。随后，我尝试以列宁的帝国主义理论为基础，同时结合陈其人、沃勒斯坦、阿明、阿瑞吉等当代学者的思想，对世界体系理论展开研究。基于此，我将研究方向确定为"垄断资本与世界体系"，探索我国作为社会主义国家如何在西方垄断资本主导的世界体系中掌握主动权与话语权；又考虑到数字技术正在向经济、社会和政治等多个领域渗透，并已经成为世界体系变革的生产力基础，因此将研究方向进一步明确为"数字垄断资本与世界体系变革"。这也是本书的写作背景。

本书紧紧抓住列宁世界体系理论的三个核心范畴（垄断资本、垄断势力和垄断利润）以及核心线索——垄断资本凭借垄断势力获取垄断利润，对数字经济时代的世界体系变革和全球数字经济规则博弈进行了一定程度的分析。但是，本书在总结和概括列宁的世界体系理论，以及将该理论运用到全球数字经济规则博弈的研究中还有很大不足，例如对列宁世界体系理论的理解不够全面和深刻，全书对列宁世界体系理论的运用不够连贯和娴熟。因此，本书远算不上精品之作，仅是对自己过去学习马克思主义政治经济学的一个认真而诚恳的交代，也为今后更好地研究马克思主义政治经济学作准备。吉林大学东北亚研究院博士研究生高婷婷参与了本书第三章的研究工作，并撰写了部分内容。河北大学经济学院20级世界经济专业硕士研究生梁露薇同学撰写了本书第四章的部分内容，尤其是计量经济学分析部分，在此表示感谢。国内外学者对全球数字经济规则博弈等问题已经进行了全方位的研究，相关文献数量多，涉及面广，内容丰富，本书在写作过程中引用了大量优秀研究成果，对此都予以注明；当然，由于笔者精力所限，也难免有挂一漏万、列举不详之处，敬请理解或告知。此外，数字经济的新模式、新业态层出不穷，全球数字经济规则博弈也在快速发展变化，笔者愿意根据实际进展随时修正本书中的观点。

下面谈一点研究心得。国家垄断和跨国垄断仍然是当代世界经济的本质特征和核心内容，垄断资本特别是金融资本仍然是"一种存在于一切经济关系和一切国际关系中的巨大力量，可以说是起决定性作用的力量"。陈其人将列宁的世界体系理论概括为一句话——垄断资本主义是一种世界体系。笔者赞同这个观点。第二次世界大战后，旧殖民主义体系瓦解，但是垄断资本主义的本质（垄断资本攫取垄断利润）不可能改变，发达国家仍然通过多种手段从发展中国家攫取垄断利润，而要更有效地做到这一点，发达国家就要对发展中国家进行形形色色的控制和干涉。数字技术等新兴技术的兴起使发达国家与发展中国家之间攫取与反攫取、控制与反控制、干涉与反干涉的内容和形式发生了变化；与此同时，新兴经济体崛起，特别是中国成为全球第二大经济体，如此种种都为世界体系增添了新的内容。

最后必须指出，由于笔者水平的限制，对博大精深的马克思主义政治经济学和世界体系理论以及内容繁多的国际数字经济规则了解有限，书中难免有疏漏和错误之处，书中观点也仅代表个人见解，诚请同行和各界读者批评指正。

马学礼
2023 年 6 月 15 日，于河北大学新区